눈물 치료

TEAR THERAPY

서문

상처위로 흐르는 눈물의 치료

20여 년 동안 현장에서 쌓여온 경험은 자연스레 더 도움이 되는 전문가로 성장해 왔다고 여겼다. 그러나 개인적으로 다가온 눈물의 경험은 사람들을 대하는 태도를 바꾸어 놓는 또 다른 성장이었다. 아마도 하나님께서 눈물을 흘릴 수 있는 기회를 주신 거라고 믿는다.

나는 어린 시절부터 지금까지 그다지 내놓을 만한 눈물의 경험이 없어서 고통으로 눈물 흘리는 사람들을 만나기에 적당하지 않았던 것 같다. 늦었지만 이제야 제대로 깊은 바닥 아래에 있는 좌절, 슬픔, 감동, 두려움의 눈물들을 마주하여 누군가의 거름이 되길 간절히 바란다.

고통받는 사람들을 돕기 위해서, 그 고통과 그에 따라붙은 감정들이 어디에서 출발된 것인지, 그 원인을 이해하는 것은 중요하다. 그렇지 않으면, 모든 우울한 사람들에게, 모두 동일한 방법으로 접근하려는 지나치게 단순한 시도를 하게 될 것이다. 또는 자칫 짝이 맞지 않는 치료방법을 선택할 수도 있다. 우울한 감정은 끔찍한 사고 장면의 기억 때문일 수도, 과거의 상처 때문일 수도, 미래가 걱정돼서, 외로워서, 허무해서, 때로는 이유를 알 수 없는 불안 때문에 생겨날 수 있다. 이 책은 먼저 각 눈물의 종류와 원인을 이해하고, 그들이 눈물을 만날 때 일어난 유용성을 소개하고자 한다.

상담이론들은 눈물을 치료 효과의 중요한 단서로 여긴다. 눈물은 이성으로 버티다가 결국 못 이길 때 사용하는 마지막 감정의 결과이다. 그래서 눈물을 매개로 하는 치료 작업은 깊고 강하다. 아마도, 우리의 상처는 울었기 때문에 또는 울만큼 강했기 때문에 여전히 마음에 남아있을 것이다. 강했기에 남아있는 것들은 강하지 않으면 잘 나가려 하지도, 되돌아오려 하지도 않는다.

눈물은 상처를 꽉 움켜쥐기도 하지만, 비로소 놓아주게도 만드는 깊은 성장의 도구로 사용되어왔다. 아마도, 눈물은 눈물로 치료될 수 있다고 말하는 것 같다.

보통 심리적 고통의 종류에 따라 그 고통에 맞는 상담기법들이 적용된다. 눈물치료는 다양한 상담기법들과 병행 또는 독립적으로도 매우 유용하다. 미국에서 이미 울부짖는 프라이머 치료가 존재한다. 눈물치료는 때때로 울부짖는 외침도, 조용한 눈물도 함께 선택한다. 한층 더 내려가면 증오로 울부짖는 나를 조용히 기다리는 깨달음이 있기 때문이다. 거기에서 울부짖음의 눈물은 성장의 차분한 눈물로 변하곤 한다.

눈물을 매개로 한 치료가 현장에서 도움이 될 수 있다는 믿음에서, 그 안내서를 쓰고자 하였다. 그리고 아쉬움이 여전히 많은 이 책을 내게 되었다. 부족한 이 책이 누군가의 눈물을 멈추는데 꼭 도움이 되었으면 좋겠다. 이 책이 일반인에게도 도움이 되길 바라는 마음에서, 되도록 쉽게 쓰려고 노력했지만, 전문가에게도 일반인에게도 모두 아쉬움이 있을 줄 안다. 언젠가 다시 보완할 수 있는 기회가 주어지기를 바란다.

이 책을 위해 기도로, 아이디어로, 교정으로 도움을 주신 가족들과 고혜옥, 노진영, 고영숙, 김용태 선생님들께 감사드린다. 이들이 없었다면 아마도 또 미뤘을 것 같다.

contents

chapter. 03_눈물의 종류에 맞는 치료방법

눈물은 상처를 꼭 움켜쥐기도 하지만
비로소 놓아주게도 만드는 깊은 성장과
치료의 도구로 사용되어진다

사례로 보는 눈물치료

Tear Therapy

눈물치료

chapter

01

눈물치료란?

눈물치료란 눈물을 매개로 한 심리치료다.

상담가들은 보통 내담자의 심리적 고통의 종류에 따라 그 고통에 가장 잘 맞는 상담기법들을 선택한다. 눈물은 선택한 상담기법들과 병행 또는 독립적으로도 매우 유용한 치료 도구다.

“눈물은 눈물로”

말로 감당할 수 없을 때 눈물이 나온다. 말이 필요 없이, 눈물만 한없이 흘리는 동안, 회복하는데 필요한 것들이 채워지고, 더 심지가 단단해진 듯한 사례들을 종종 접할 때가 있다. 눈물이 병행될 때, 감정의 수준은 최상이 된다. 그래서 말하기 어려운 더 깊은 자기개방이 일어나고, 마음이 진정되고, 드디어 받아들이고, 지금까지 꿈쩍도 하지 않았던 상처와 화해하려는 마음도, 이제 놓아주려는 마음도 생겨나고, 가본 적도 없었던 깊은 깨달음에 도착하게 되고, 혼란스러웠던 감정을 정리하고, ‘이제 새롭게 시작할 거야, 할 수 있어’라는 삶의 자세를 바꿔보려는 강한 용기와 결단, 자신감 등이 촉진된다.

감정의 가장 높은 수위에 있는 눈물은, 그 결단이 보통 수준을 뛰어넘게 한다. 그래서 눈물이 병행될 때, 즉각적이고 깊은 결단이 촉진된다.

'도대체 언제까지 미룰래? 이제 정말 놓아야 해. 이제 정말 시작해야 해.'

지금까지 머뭇거리고, 용기를 내지 못하고 미뤄왔던 것들은, 눈물이 따라붙을 때, 더 이상 미루지 않을 만큼, 다시 옛날로 돌아가지 않을 만큼 강한 촉진을 일으킨다. 임상가들은 상담 중에 나타나는 내담자의 눈물을 치료의 중요한 단서로 여기는 이유가 바로 여기에 있다.

공황발작으로, 12년 만에 처음 외출하여, 지하철을 타고 내렸을 때, A 씨의 뺨에 감격의 눈물이 흘러내렸다. 부끄러움을 잊은 채, 지하철역에 주저앉아 주체할 수 없는 눈물을 펑펑 쏟았다. '나도 할 수 있구나. 원래 할 수 있었구나.' 감격과 기쁨의 눈물을 흘렸다.

'이렇게 할 수 있었는데, 그동안 나 자신을 가둬놨어. 나 자신한테 너무 미안해, 지금까지 왜 이렇게 살았던 거야.' 회한과 미안함의 눈물을 흘렸다. '원래 할 수 있는 거였다면, 그럼 이제 마트도 갈 수 있겠네. 운전면허도 따서 여행도 갈 수 있는 거네.' 깨달음과 희망의 눈물을 흘렸다.

자신감을 얻은 그녀는 처음으로 마트에 간 날, 운전면허 학원에 등록했던 날, 감사의 눈물을 주체할 수 없었다.

어릴 때 엄하신 아버지 밑에서 자란 K 씨는 30살이 다 된 지금도 아버지를 떠 올리면 심장이 두근거린다. 아버지와 비슷하게 생긴 사람은 눈도 못 쳐다본다. K 씨는 힘이 없는 종이 아버지에게 그동안 주장하지 못했던 속마음을 전하는 시간을 가졌다. 그는 종이 아버지에게 맹렬하게 겁을 주고 윽박지르며 소리 질렀다. 곧, 그의 소리는 눈물의 부르짖음이 되었다. 그리고 이내, 윽박지르기를 멈추고 큰 소리로 오랫동안 통곡을 하였다.

"왜 그렇게 숨도 못 쉬게 했어요?"
"이제 무서워하지 않을 거예요."
"당신은 나를 파괴할 수 없어!"
"아버지도 방법을 잘 알지 못했던 부족한 한 사람이었을 뿐이야."

그는 눈물로 억눌렸던 감정의 해소와 해방감, 깊은 화해와 용서를 일으켰다. 눈물은 한층 더 내려가서, 증오로 울부짖던 그를 조용히 기다리는 용서와 깨달음을 만나게 하였다. 거기에서 울부짖음의 눈물은 성장의 눈물로 변하였다. K 씨는 그날 날아갈 것 같다고 말했다. 이후, 직장에서 아버지와 닮은 부장님을 똑바로 쳐다보았는데, 더 이상 두렵지 않았다.

눈물치료란 눈물을 매개로 한 심리치료다. 상담가들은 보통 내담자의 심리적 고통의 종류에 따라 그 고통에 가장 잘 맞는 상담기법들을 선택한다. 눈물은 선택한 상담기법들과 병행 또는 독립적으로도 매우 유용한 치료 도구다. 마음의 깊은 바닥에는 우리가 무엇을 경험하느냐에 따라 슬픔, 억울함, 감동, 분노, 좌절의 감정들이 따라붙기 위해 대기한다. 참을 수 없을 만큼 차오른 감정들은 슬퍼도, 억울해도, 화가 나도 그저 눈물이라는 하나의 표현으로 그 깊은 실체를 드러낸다.

보통 사람들은 눈물을 참으려 한다. 그래서 누군가의 눈물을 목격할 때 '참을 수 없는, 가볍지 않은 뭔가 큰 것이 있구나'라고 생각하게 된다. 눈물이 흐를 때 마치 핵폭탄을 장착하는 것 같이, 감정들은 더욱 강력해진다. 그래서 눈물이 따라붙으면, 우리는 평소에 말할 수 없었던 것을 말하게 되고, 더 강한 동기와 집중력이 생긴다. 바로 강한 상처를 회복하기 위해 강한 눈물이 필요한 이유이다.

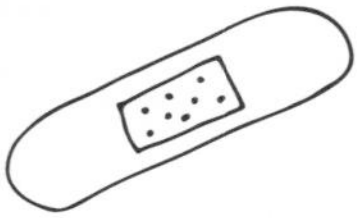

"눈물의
종류가 다르다"

눈물의 정체는 무엇인가? 눈물을 흘리게 된 원인에 따라 다양한 종류의 눈물들이 있다. 끔찍한 사고를 잊고 싶어서, 되돌릴 수 없는 과거의 아픔이 해소되지 않아서, 아무도 나를 이해해주지 않아서, 인생이 허무해서... 고통의 종류는 다르지만, 똑같은 눈물이 나온다. 그 고통의 종류에 따라, 두려운 기억을 자꾸 노출시켜 아무것도 아닌 것이 되게 하려는 시도가 효과적일 때도 있고, 기억나지 않은 무의식 속에 현미경을 들이대는 시도가 효과적일 수도 있다.

때로는 오랫동안 싸워던 것들과 화해하고 애도하며 보내주는 눈물이 도움이 될 수 있다. 아마도 우리에게 여전히 영향력

있는 고통들은 강했기 때문에, 울었기 때문에 남아 있을 것이다. 그래서 다시 그때만큼, 그곳까지 닿을 수 있는 강한 것, 눈물이 필요할 수 있다. 이 책은 사례를 통해 눈물의 종류를 이해하고, 그 원인에 따라 어떻게 대처할 것인가를 알아보려 한다. 이 책을 읽는 독자들에게, 자신의 눈물을 다룰 수 있는 전략 능력의 확장을 기대해 본다.

“눈물은 고통을 처치할 만큼 세다”

심한 스트레스 상황은 잠 못 드는 밤을 만들 곤 한다. 때때로, 한바탕 울고 나면, 속도 후련해지고, 잠도 잘 온다. 대체 눈물의 힘이 얼마나 센 걸까?

웅성거리는 시장 골목에서 모르는 누군가의 우는 소리를 들을 때조차, 시끄럽던 주변이 조용해진다. 아마도 그것이 진짜 ‘센 것’이기 때문일 거다.

심리학자들은 누군가의 행동을 변화시키기 위해서, 강도가 센 자기통찰과 자각이 필요하다고 말한다. 얕은 수준의 이해로는 그저 여전히 그 행동이 반복될 뿐이기 때문이다. 강하지 않으면, 그 정도의 의지로는 변화를 기대하기 어렵다. 마음의 층을 깊이 내려갈수록 눌러 놓았던 것들을 만날 수 있다. 그들을 남김없이 만날 때 남김없이 비우고, 새로운 성장으로 눈을 돌릴 수 있게 된다.

감정은 언어보다 마음의 층으로 더 깊이 내려갈 수 있다. 감정의 깊은 심층에 존재하는 눈물은 평상시의 심리상태로는 나오게 만들 수 없다는 걸 우리는 잘 알고 있다. 아마도 연기자들이 눈물 연기가 가장 어렵다고 말하는 이유가 여기에 있을 듯하다. 진실이든, 악어의 눈물이든 순간 강한 감정몰입이 수반되지 않으면, 눈물을 끌어낼 수 없기 때문이다. 그래서 사람들은 눈물을 흘리고 나면, 언어로 표현할 때와는, 얕은 수준의 감정을 느낄 때와는, 매우 다른 것을 체험한 느낌을 갖는다.

보이지 않는 마음은 무엇으로 이루어졌나? 그 구성물들은 무엇인가? '슬픔','고통','감사'라는 감정들이 눈에 보이지는 않지만, 우리는 느낌으로 안다. 심리학자들은 마음을 이루는 구성물을 크게 두 가지, 즉, 생각과 감정이라고 말한다. 인간은 보이지 않는 이 두 가지 마음의 구성물들을 누군가에게 보여야 할 때가 있다.

보이지 않는 마음의 구성물을 보여주려 할 때, 크게 두 가지 능력을 사용한다. 하나는 언어적 방법 또 다른 하나는 감정적 방법이다. 언어로 우리는 무슨 생각을 하는지 알릴 수 있다. 그리고 감정도 언어로 설명할 수 있다. 그러나 언어로 감정을 보여주는 데는 한계가 있다. 감정은 느끼는 것이기 때문이다. 언어는 감성을 직접 표현하지 못하고, "마치 ...인 것 같아"라고 표현한다. "음... 뭐랄까... 마치 햇빛이 잘 드는 초원에 누워있는 것 같은? 뭐 그런 거. 마치 무거운 돌을 가슴에 얹어 놓은 것 같은? 그런 거"라고 표현할 뿐이다.

마음이 치료되기 위해서, 이성을 기반한 언어적 피드백은 매우 중요하다. 언어는 눈물의 종류와 뜻을 이해할 수 있게 해준다. 마찬가지로 우리는 눈물과 같은 감성적 도구 역시 중요한 치료 도구임을 항상 간과하지 않아야 한다. 인간은 매 순간, 과거, 현재, 미래를 넘나드는 감정으로부터 자유롭지 못한 존재다. 이미 과거에 종료된 일이 아직 현재에 머물러 있고, 아직 일어나지도 않은 미래의 일이, 시간과 공간을 초월하여 툭하면 현재로 넘어와 삶을 어지럽힌다.

"나 너무 슬프다고!"라고 부르짖는 누군가는 더 깊은 성장으로 길을 안내받는 것이 필요할 때다. 눈물은 강한 수준의 통찰과 자각을 일으키는 중요한 심리치료 도구다. 그럼에도 불구하고, 모든 눈물이 성장을 만나는 것은 아니기에, 때때로 지혜로운 안내자가 필요하다. 눈물을 흘렸던 경험은 그 여운이 쉽게 사라지지 않는다. 그래서 우리의 상처는 지금까지 오래오래 남아 있다. 그리고 그 상처를 덮기 위해 치유의 여운을 오래오래 잡아 둘 수 있는 깊고, 진실한 눈물이 다시 필요하다.

“눈물치료는 인간이 가진 감성능력을 활용한 치료법이다”

생후 3개월 이내의 신생아는 울어도 눈물이 나오지 않는다고 한다. 눈물을 정서전달이 아닌 정보전달로 사용하기 때문이다. 정서전달 능력은 어느 정도 성장해야 가능해진다. 이는 정서를 담은 눈물이 고등동물인 인간에게 부여된 특별한 능력임을 시사한다.

우리는 일할 때 “감정이나 기분으로 일을 그르치지 마라! 합리적으로, 이성적으로 접근해라”고 한다. 그러나 마음을 다룰 때는 다르다. 상처받은 마음은 객관적 사실이 아니기에 객관적인 사실을 취급하는 방식으로 접근해서는 근처에도 가기 쉽지 않다. 이성을 사용해야 하는 영역이 있고, 느낌과 영혼의 감성 능력을 사용해야 하는 영역이 있는 것이다.

심리치료실에서의 대화는 일상적인 업무에서 사용하는 대화와 사뭇 다르다. 상담자들은 보통 과거와 현재 불편한 경험들이 여전히 지금 여기에서 어떻게 느껴지고 있다는 것인지 알고 싶어한다. 그래서 "느낌으로 표현해 주세요"라는 감정표현의 주문을 종종 한다. 왜 정서로 표현하도록 격려할까? 생각은 정서에 영향을 미치는 중요한 변인 중 하나지만, 상담의 시작은 현재 내담자가 느끼는 정서상태를 알아주고 수용하는 것에서 시작된다.

생각으로만 말한다면 상담공간은 의견 다툼의 장이 될지도 모른다. 동일한 사건도 사람들은 생각이 각자 다르다. 생각은 종종 합의가 필요하다. 그래서 같지 않을 때 갈등이 존재하고, 합의를 위해 고심이 필요하다. 그러나 느낌은 서로의 합의가 필요하지 않다. 생각은 학습의 영향을 받은 공적인 자아를 표현하지만, 느낌은 아무도 개입할 수 없는 그 만의 사적인 자아이기 때문이다.

우리는 느낌을 완전히 각자의 것이라 침범할 수 없는 영역으로 인정해 준다. 누군가 "나 괴로워"라고 말할 때 "서로 양보해라. 틀렸다. 적절하다" 등으로 말하는 사람은 없다. 그의 느낌은 온전히 그의 것이기 때문이다. 따라서 마음을 돕고 싶을 때 우리는 마음에 접근할 수 있는 접근법, 정서를 준비해야 한다.

"제가 심리상담을 받으려 한 이유는 지금 남편과의 관계를 해결할 방법, 스트레스를 해소하는 방법을 알려 주기를 기대했어요. 물론 상담자에게 제 마음을 이해받긴 했어요. 문제도 꼭 해결해야겠다는 동기도 생겼어요. 그런데 아직 어떻게 해야 할지 해결책을 구체적으로 알려주지 않아서 실망이에요" 라며 상담실을 떠나는 내담자가 있다. 즉, 나는 성실하고 의지도 있는데, 몰라서 못 할 뿐이니 어떻게 해야 할지 방법을 알고 싶다는 것이다.

또 다른 내담자는 "상담실에 오면 마음이 편안하고, 이해받을 줄 알고 찾아 왔는데... 자꾸 꼬치꼬치 묻고, 확인하고, 앞뒤가 안 맞으니 더 정확하게 말해 달라고 하고... 때때로 지적하고, 가르쳐 주려 하고... 학교도, 경찰서도 아니고... 실망이에요. 저는 몰라서 못 하는 것이 아니고 마음이 움직이지 않아서 그래요. 난 방법을 알려달라는 것이 아니에요"라고 하는 내담자가 있다.

이들에게 합리성과 이성은 힘이 없다. 이들은 마음을 만나러 온다. 깊이 그 마음을 공감받고 받아들여짐을 느낄 때 대부분 깊은 감정의 눈물을 흘린다. 마음을 깊이 나누는 상담에서 공통으로 존재하는 재료 중 하나가 '눈물'이다.

깊고 강한 눈물을 흘린 내담자는 마침내 "이제 됐어요. 이제 할 수 있을 것 같아요. 정말 감사합니다"라고 하고 상담실을 떠난다. 그는 방법을 갖고 나간 것이 아니다. 그러나 그 경험은 오래오래 그를 지킬 것이다.

심리치료는 항상 이성도, 감성도 필요하다. 심리상담자 중에는 내담자에게 필요한 것을 알려주기를 좋아하는 상담자가 있고, 또 내담자의 마음을 함께 느껴주기를 좋아하는 상담자가 있다. 그리고 내담자 중에는 필요한 것을 알려주기를 바라는 내담자가 있고, 마음을 공감해 주기를 바라는 내담자가 있다. 상담자의 기호와 내담자의 바람이 서로 맞으면 좋으련만, 매우 자주 그렇지 못할 때가 있다.

위 사례처럼, 구체적인 방법이 제시될 때 충분조건이 만들어지는 사람도 있다. 즉, 이성적인 능력이 더 잘 발달 된 사람이 있는가 하면, 또 감성능력이 더 잘 발달 된 특성의 사람들이 있다는 사실도 간과하지 않아야 한다는 것을 시사한다. 우리는 종종 감성능력이 발달 된 사람에게 늘 설득하고 조언하지만 달라지지 않는 것을 경험해 보았을 것이다. 마음을 느껴주지 않고 이성만 사용하기 때문이다.

때때로 지금 여기에서 온전히 '너와 나'의 마음들이 닿은 만남은, 감성이 필요한 내담자의 화를 즉각적으로 녹이곤 한다. 깊은 느낌이 사용될 때, 어김없이 거기에는 매번 뜨거운 눈물이 있다. 그들은 말보다 느껴줄 때 더 이해받고 인정받은 것 같다고 말한다. 사랑과 인정의 결핍은 지식의 결핍이 아니라, 느껴야 알 수 있는 정서의 결핍이기 때문이다.

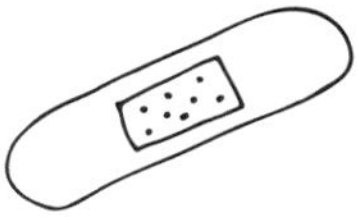

"눈물은 감정정리와 심신의 평안과 균형을 일으킨다"

경험적 심리치료자들에 의하면, 눈물은 정서를 다시 원래대로 복구시키는 정서해소 단계로 안내하는 것이다. 우리는 종종 눈물 흘리고 난 후, 여전히 문제는 해결되지 않았지만, 눈물을 흘리기 전보다 마음이 담담해지는 것을 경험했을 것이다. 이런 이유로, 종종 한바탕 실컷 울고 나서 "시원하다. 너도 실컷 울고 훌훌 털어버려"라고 권하기도 한다. 실제로 그렇다. 이는 눈물이 갖는 기능 중 하나다.

눈물을 통해 경험되는 카타르시스는 평안과 자유를 얻을 수 있도록 삶을 환기시켜 준다. 아리스토텔레스는 우리가 눈물을 흘릴 때 잠재의식 상태에 있던 두려움과 연민 같은 부정적 감정들이 의식 위로 올라와 발산된다고 말한다. 일종의 해방된

쾌감과 미적 즐거움을 얻게 된다는 것이다.

카타르시스의 기능은 모호한 심리적 상태를 '정리'하고 격렬했던 감정을 '완화'시키는 역할을 한다. 즉, 고통스럽고 연약한 마음을 강하게 하여, 일상과 균형을 이룰 수 있는 상태에 이르게 한다. 그래서 울고 나면 오히려 심신의 편안함을 얻게 된다.

실제로, 심리학적 연구들은, 눈물을 흘린 사람들이 그렇지 않은 사람들보다 우울한 기분이 훨씬 더 개선된다고 보고했다. 그들은 눈물로 정서를 표출한 후, 자신감이 생기고 편안해졌다고 말한다. 이것은 자신감이 필요한 사람에게도, 은둔형 외톨이에게도 밖으로 나갈 용기를 준다. 무겁게 눌렀던 고통이 한결 가벼워져서, 그들의 마음속에 새로운 삶을 위한 이정표와 새로운 생각이 태어날 기초가 만들어진다.

일본 의과대학 교수 아리타 히데오 교수는 뇌파와 심전도 실험을 통해, 눈물을 흘리는 순간, 스트레스가 극도에 달하다가 평상심의 상태로 되돌아간다는 것을 밝혔다. 즉, 극도의 정서 상태가 눈물에 의해, 정서 해소와 편안한 이완 상태를 만들 수 있다는 증거다. 마치 바람을 넣은 풍선이 더는 팽창할 수 없어 "펑"하고 터지면, 팽팽했던 풍선이 축 늘어지는 것처럼 다시 안정 상태로 돌아가는 것이다.

“절망으로 내려가는 눈물은 지혜로운 안내가 필요하다”

아무리 많이 울어도 성장하지 않는 눈물도 있다. 우리는 눈물을 잘 흘리면 성장하지만, 때때로 상처 난 과거와 답 없는 현실에 절망하는 눈물은 우리의 삶을 파괴할 수도 있다. 심리학자 윌리암스(Williams)의 연구에서는, 사람들이 눈물을 흘린 후 기분이 좋아졌다고 보고하는 사람들이 있는가 하면, 반대로 기분이 더 나빠졌다고 보고하는 사람들이 있었다. 즉 눈물은 항상 치료적 소재로 사용되지는 않는다는 것이다.

절망에서 올라가는 눈물이 있다

절망으로부터 나가기 위해 흘리는 눈물이 있다. 깊은 어둠에서 올라와 눈 부신 빛으로 나가는 용서, 감사, 소망, 내려놓음으로 풍성해지고 영적 성숙을 이끄는 눈물이 그렇다. 이 눈물은 우리를 아픔만큼 성숙하게 한다.

절망으로 내려가는 눈물이 있다

끝없이 절망의 더 깊은 나락으로 떨어지는 눈물도 있다. "더 이상 희망이 없어. 이제 끝이야"라고 하는 자기연민과 절망에 갇혀 더 내려가기만 하는 눈물이 그렇다. "가만두지 않을 거야. 다 파괴하고 말 거야"라며 나와 누군가의 파괴를 굳히거나 포기를 다지는 눈물이 그렇다.

"저는 날마다 울었어요. 내가 너무 불쌍하고, 가족들이 전부 미웠어요. 가족들에게 가능하지 않은 요구들을 하면서 소리 질렀고, 여러 번 자살 시도를 했어요."

46세 수진 씨는 상담실에서 심하게 떨리는 손으로 얼굴을 감싼 채 한참을 울었다.

"그때는 아무도 내가 힘들다는 것을 말할 사람이 없었어요. 한 달 전 쯤, 아홉 번째 자살 시도를 했을 때 남편이 앰블런스를 불러서 병원에서 깨어났는데, 엄마가 옆에 계시더라고요. 제가 눈을 뜨자마자 엄마가 하는 말이 '도대체 왜 자꾸 이러니? 내가 미안하다고 했잖아… 네가 원하는 대로 재산도 다 너 주기로 했고…'라고 하는 거예요. 저는 너무 화가 나서, '나가!', '나가!', '나가!'라고 병원이 떠나가게 소리소리 질렀어요. 내 정신이 아니었죠. 정말 다시 깨어났다는 것도 싫었고요. 그 병동에 있는 사람들이 다 무슨 일인가 해서 병실 밖에서 웅성웅성 구경하면서 서 있더라고요."

"그때 엄마에게 어떤 말을 듣고 싶으셨나요?"
"얼마나 힘들었니!"

수진 씨는 더 이상 말을 잇지 못한 채, 큰 소리로 오랫동안 흐느껴 울었다. 자신이 정말 원했던 진실과 갑자기 만나는 순간이었다.

"이해받고 싶었어요. 사실 많은 재산이 제게 필요한 건 아니었어요. 그냥 너무 억울하고 화가 나서 일부러 나한테 다 달라고 억지 부린 거예요. 그런데 그걸 줬다고 인제 그만하라잖아요… 다 필요 없는데."

얼마 후, 어머니와 상담하면서 딸의 마음을 전했을 때 어머니 역시 우셨다. 수진 씨가 밝은 미소로 상담실을 찾아와서 "어머니가 '네가 그렇게 힘든 데 몰라줘서 미안하다. 네가 건강하게만 된다면 내가 뭐든 할게...'라고 하셨어요. 그날 둘이 함께 실컷 울었어요. 가벼워진 느낌이에요"라고 했다.

오랫동안 파괴적이었던 수진 씨의 눈물이 치료적 눈물로 바뀌었다. 자살, 포기, 공격성으로 더 몰아넣는 파괴적 눈물들은 성장의 눈물로 바뀌도록 안내가 필요할 때가 있다.

"눈물은
고난을 감당할 수 있는
뇌로 바꾼다"

마음에 굳은살이 배기게 했던 인생 역경들은 이후의 역경을 다양한 후유증 없이 잘 넘길 수 있도록 도와줄 것이다. 신경과학자들은 뇌를 알면 역경의 눈물을 다룰 수 있는 좋은 지침을 얻을 수 있다고 말한다. 그들은 우울증을 앓는 사람들에게, 마음을 편안하게 하는 명상을 시키는 실험에서, 실제 뇌파의 변화와 대뇌피질 두께가 변한다는 것을 밝혔다. 즉, 명상을 시작했을 때, 마음이 편안할 때 나오는 알파파가 나왔다. 또 정서조절에 관여하는 전두엽의 대상회피질의 두께가 두꺼워졌다.

시험불안이 높은 학생들이 시험상황을 편안하다고 상상하게 할 때, 실제로 시험불안이 사라진다. 왜 이런 일이 벌어지는 걸까? 뇌과학자들은 뇌 속에서 시험불안을 감소시키는 데 관여하는 시냅스가 더 많아졌다는 것을 발견하였다. 즉, 뇌가 실제로 행동하는 것으로도 뇌 변화를 일으키지만, 우리가 뭔가를 상상하고 생각하는 것만으로도, 실제 참여하는 것과 동일하게 뇌가 반응한다는 것을 의미한다.

심상이란 직접 수행하거나 경험하지 않고도 마음만으로, 가상적으로 상상한다는 뜻이다. 뇌신경과학자들은 실험 참가자들에게 실제 몸을 움직이도록 지시하고, 잠시 후 가상적으로 몸을 움직인다고 상상해 보라는 지시를 하였다. 결과는 둘 다 동일하게 뇌세포가 활발하게 움직인다는 것을 FMRI를 통해 발견하였다.

뇌과학자 제이콥슨(Jacobson)은 실험 참가자들에게 어떤 동작을 상상하라고 지시하였다. 그 결과 마음속으로만 팔을 머리 위로 올리는 상상을 했을 뿐인데, 실제 팔을 움직일 때 사용되는 근육에서 근수축이 발생하였다. 마음속으로만 운동장을 달리는 상상했을 뿐인데, 맥박이나 호흡은 실제 달리는 사람의 것과 동일한 변화가 일어났다. 그 장면을 생생하고 선명하게 마음속에 떠올릴수록 실제 직접 그 일을 수행하는 것과 동일하게 우리의 뇌는 활동하고, 그 기억을 저장였다. 단지 머릿속에 어떤 이미지를 떠올렸을 뿐인데, 뇌에서는 실제로 그 일을 수행하는 줄 알고, 뇌의 활동이 일어나는 것이다. 즉, 우리 뇌는 직접 수행하지 않고도 마음속으로 상상하는 것만으로도 무언가를 연습한 효과를 얻는다.

우리는 삶의 무게를 감당해야 할 미래를 위해 지혜를 쌓아둬야 한다. 그 방법 중에 하나가 바로 긍정적 상상이다. 독서를 통해, 영화를 통해, 또는 누군가와 만남을 통해 그들의 삶을 나누며 감동과 깊은 공감적 참여가 필요하다. 직접 내가 경험하지 않더라도, 나의 뇌는 훌륭한 지혜의 산물로 저장하기 때문이다. 성인뿐 아니라 아동, 청소년들에게, 참만남 심리상담 또는 감동했던 영화나 책을 보고 눈물 흘리는 경험들은 아이들을 소리 없이 성장시킬 수 있다. 깊은 눈물을 흘린 사람들은 성숙해지고, 듬직해지고, 초연해진다. 이러한 소중한 경험들은 혼란스러운 인생의 역경마다 뒷심이 되어 주는 면역주사가 될 것이다.

사람은 약 1,000억 개의 뇌세포를 가지고 태어난다. 뇌세포들은 각각 따로따로 떨어져 있어서, 서로를 연결시키는 다리가 필요하다. 이 다리를 '시냅스'라고 부른다. 시냅스라는 다리를 통해 하나의 세포에서 다른 하나의 세포로 서로 정보를 주고받을 수 있다. 보통 한 개의 뇌세포는 1,000개에서 100,000개까지 시냅스 다리들이 달려있다. 한 개의 뇌세포에 시냅스의 숫자가 몇 개가 달려있느냐에 따라, 그 일을 더 정교하고 능숙하게 처리할 수 있는지가 결정된다. 예를 들어, 피아니스트와 일반인들을 비교해 보자. 피아니스트는 피아노를 다루는 것에 관여하는 뇌세포에 약 100,000개 수준의 시냅스들이 달렸지만, 피아노에 익숙하지 않은 일반인은 약 1,000개 수준 정도일 것이다.

뇌과학자들은 인간은 생각만으로도, 상상만으로도 시냅스의 숫자와 굵기를 변화시킬 수 있다는 재미있는 사실을 발견하였다. 뇌세포는 한번 손상되면 재생이 어렵다. 그러나 시냅스는 봄날에 풀처럼 많이 생성되었다가, 활동을 하지 않으면 다시 가을날 서리 맞은 풀처럼 숫자도, 크기도 상당히 쪼그라든다. 이런 식으로 시냅스는 일생동안 경험과 학습에 따라, 새로 생겨나기도 하고, 소멸되기도 한다. 특히 눈물이 따를 때, 단 한 번의 경험으로도 굵은 시냅스 다리를 생성할 수 있다.

그래서 우리는 독서, 시, 소설, 희곡, 영화 등을 통해, 많은 눈물을 경험해 둘수록 역경에 대한 면역력이 증가된다. 눈물치료가 미래에 닥쳐올 위기예방을 위해 미리 필요한 이유이기도 하다. 우리 뇌가 그 주인공들의 눈물들, 즉 상실, 슬픔, 좌절, 고난 들을 깊이 느끼고 공감할수록, 고난에 대한 내성이 생겨난다. 책이나 영화로 경험한 것들도 내가 경험한 것처럼 뇌세포들은 내 뇌에서 서로 다리들을 연결시켜 놓기 때문이다. 그래서 이미 유사한 경험을 했던 사람들은 심리적 충격에 대한 예방적 가치를 갖는다.

우리는 인생을 사는 동안 다가오게 될 고난을 잘 이기기 위한 준비가 필요하다. 감정을 다루는 방법도, 생각을 다루는 방법도 더 성숙한 방식으로 준비될수록 효과가 좋을 것이다. 그래서 미리미리 책도 많이 읽어 둬야 한다. 그 속에서 악한 자를 상대하는 착한 사람도 미리 경험해야 하고, 정의로운 사람도 경험하고, 또 문제를 지혜롭게 해결하는 사람도 경험해 두어야 한다.

그 주인공과 깊은 공감을 하였을 때 나의 뇌는 나를 착한 사람, 정의로운 사람, 그 문제를 지혜롭게 해결했던 사람으로 기억해 둘 것이다. 그리고 미래에 내가 유사한 일을 만났을 때 그 저장해 두었던 지혜는 우리를 슬픔과 좌절에게 뽑히지 않도록 도와줄 것이다. 이미 그와 유사한 경험을 했던 나의 뇌는 이 경험이 처음이 아닌 것으로 반응하기 때문이다. 과거 이런 일이 있었을 때 내가 생각하고 해결했던 방식을 다시 꺼내 상기하며 생각보다 담담하고 지혜롭게 그 시간을 견뎌낼 수 있도록 해줄 것이다.

물론 모든 경험이 유용하지는 않다. 바람직하지 못한 부정적 생각이나 상상을 많이 했던 사람들은 실제로 경험을 한 적도 없음에도 불구하고, 이미 부정적인 일들을 상당히 경험한 사람처럼 부적응자를 만들 수 있기 때문이다. 마치 처음 겪는 일이지만 이미 저항하지 못했던 큰 재앙을 겪어 보았던 사람처럼 고난이 오자마자 압도되거나, 포기할지도 모른다.

아마도 "부정적인 생각을 하지 마라. 긍정적으로 생각해라. 잘 하고 있는 모습을 상상해라"는 말에는 이런 원리가 숨어있을 것이다.

"다른 사람과 동일시는 내 눈물의 후유증을 사라지게 한다"

눈물이 날 정도로 강력한 감정 경험들은 뇌에 각인되어 잘 잊히지 않는다. 그래서 오랜 상처도, 추억도 된다. 눈물치료 프로그램은 많은 사람의 다양한 고통을 만나는 체험을 한다.

K 씨는 다른 사람의 고통스러운 이야기들을 제비뽑아 내가 겪은 것처럼 읽었다. 보통 각 사람은 유독 특정한 이야기에 눈물을 흘리곤 한다. 그는 "그 이야기가 내가 겪고 있는 것과 같아서 눈물이 납니다"라고 말한다. 나와 유사한 고통을 겪었던 다른 사람의 눈물겨운 이야기를 듣고 나면 우리는 그 경험이 마치 나의 것 인양, '이 고통을 어떻게 대처해야 할까?' 하는 고민으로 차분해진다.

질병으로 시한부 삶을 살아야 하는 사람에게 시한부 삶을 살았던 사람의 이야기는 혼란스러움을 감소시킨다. 그들의 질병과 삶과 죽음에 대한 지혜로운 시각들은 질병을 편안하게 대할 수 있게 해준다. 그들의 이야기에 실컷 울면서 공감하고 나면, 그 사람의 담담함과 지혜는 나의 것이 된다.

주어진 나머지 삶을 의미 있게 살아가는 모습과 아름답게 정리하는 모습은 나에게도 아름다운 나머지 삶의 길을 열어준다. 시니어도, 은퇴자도, 우울한 사람도, 외로운 사람도, 신체적 고통 속에 있는 사람도, 그들의 눈물에 참여할 때, 더 쉽게 길을 찾는 법을 배우게 된다.

정신분석학자들은, 이야기 속의 등장인물을 자신으로 동일시하는 공감은 그와 동일시된 나에 대한 깊은 이해와 깨달음을 일으킨다고 말한다. 동일시란 중요한 인물들의 태도와 행동을 자기 것으로 만들면서 닮는 것을 말한다. 즉, 등장하는 특정 인물의 성격, 감정, 행동, 태도 등을 마치 자기 자신의 체험인 것 같이 느낄 때, 그 태도나 감정, 행동을 자신이 느끼는 것처럼 공감할 때 그를 통해 내 정서의 정화가 일어난다.

마치 나의 고통을 제삼자의 입장에서 듣는 관객이 될 때 문제에 몰입되어 정신을 잃은 상태에서 벗어날 수 있다. 때때로, '왜 나에게만 이런 문제가 생겼을까?'라고 했던 생각들이 '아, 다른 사람도 나와 같은 문제를 겪고 있구나'로 변화된다. 즉,

자신이 처한 문제가 자기 혼자만의 것이 아니라는 것을 자각하게 된다.

그래서 우리는 다른 사람의 눈물 나는 고난을 듣는 눈물치료가 필요하다. 함께 깊은 공감 속에 눈물을 흘릴 때, 답답했던 나의 마음도 함께 시원해지는 치료가 일어난다. 정신분석적 견해는 눈물을 통해 억눌린 감정이 발산되고 정화되어 마음의 상처가 치료된다고 한다. 내 이야기가 아닌, 다른 사람의 이야기 속 주인공의 감정, 생각, 태도에 나의 감정을 표출할 때도, 나의 마음속에 쌓여 있는 심리적 욕구와 갈등을 표출시킬 수 있다는 것이다.

이러한 근거로 눈물치료 프로그램들은 영화나, 독서나, 노래가사, 신문기사, 누군가의 일기, 사진 등의 재료로 다른 사람들의 이야기를 공감하는 시간을 갖는다. '동일시를 일으켰던 등장인물이 처한 상황에서 어떤 감정이나 느낌을 가졌는가?'에 초점을 두고, 감정을 표현하게 할 수 있는 시간은 유사한 나의 고통을 발산하는 데 매우 유용하기 때문이다.

특히 자신의 속 이야기를 꺼내기 어려운 사람들에게, 영화나 다른 사람의 간접적인 이야기는 비교적 저항이 덜하여, 더 자유롭게 느끼고 울어줄 수 있다. 사실 눈물치료는 그 속에 있는 나의 것을 향하여 울어주는 과정이다.

chapter 02

울어봤자
아무 소용없다?

울면 기분이 좋아진다. 무슨 일이 벌어진 걸까?

눈물은 특정 감정적 경험에 몰입할 때 발생 된다.

그래서 우리는 눈물을 흘리기 위해 먼저 감정몰입이

필요하다.

눈물을 흘리게 만드는 수준의 감정은

이미 깊은 심층에 존재한다

"울고 나니 병이 나았어요"

눈물은 환자의 신체 및 정신의 치료효과를 높이는 것으로 알려져 있다. 일본에서는 '눈물 치료과'가 있는 병원들이 있다. 그들은 환자의 혈액순환, 숙면, 신체적 통증 및 심리적 안정을 위해, 때때로 슬픈 영화를 보여주고 눈물을 흘리도록 유도한다.

눈물은 스트레스로부터 몸을 지켜주는 방어기제 중 하나이다. 미국의 한 울음치료 심리상담센터에 다니는 사람들은 "울음치료실에서 마음껏 울고 나니 병이 사라졌어요"라고 응답하였다. 마음껏 우는 치료가 그들의 육체와 마음의 병들이 사라지게 하였다는 것이다.

마음의 병은 몸을 병들게 한다. 마음과 몸은 각각 별개의 것이라고 주장했던 데카르트의 이원론은 이미 오래전에 일원론적 견해에 밀려, 현재는 몸과 마음은 하나라는 견해가 당연시되고 있다. 그래서 주변에서 누군가가 큰 병에 걸렸다면 "무슨 힘든 일이 있었나? 스트레스를 많이 받더니만... 결국, 병을 얻었네!"라고 하는 말이 이상하게 들리지 않는다. 몸과 마음은 따로 분리될 수 없다는 일원론적 견지를 일상적인 경험으로도 체험해 알고 있기 때문이다.

반대로, 마음이 개운해질 때, 몸도 개운해진다. 이러한 견지에서, 심리적으로 힘든 일을 경험한 후에, 신체적 질병이 생기는 경우, 신체치료 외에 심리치료의 병행이 필요한 이유다.

언어표현이 서툰 어린아이는 자신의 감정적 정보도, 사실적 정보도, 모두를 눈물과 같은 정서로 전달하곤 한다. 그러나 성인이 되면서 반대로 사실이든, 감정이든, 모든 정보를 언어로 표현하곤 한다. 눈물을 흘리는 사람을 나약하며 감정적인 사람으로 오해할 수 있다는 우려 때문일 것이다.

이러한 변화는 성인이 되면서 감정적 정보를 제대로 해소하지 못하게 되는 원인 중 하나가 되었다. 심리학자들은 심리적인 문제가 있을 때 실컷 울었던 사람들이 그 문제로부터 회복력이 더 빠르다고 말한다.

정신적인 고통이 발생하면, 우리 몸은 과부하가 된다. 이때 몸에서 유해한 물질이 생성된다. 우리 몸은 이 유해물질을 배출하기 위해, 정신적 스트레스에 저항하는 시스템을 가동시킨다. 그중 하나가 눈물이다. 눈물을 연구한 학자들은 눈물을 통해 유해한 스트레스 호르몬이 몸 밖으로 배출된다고 말한다.

스트레스를 받은 사람은 몸에서 카테콜라민과 코티졸이라는 스트레스 호르몬을 분비한다. 코티졸과 카테콜라민은 스트레스에 저항하기 위한 우리 몸의 반응이다. 이들을 '스트레스 호르몬'이라 부른다.

스트레스 호르몬이 과도하게 싸이면 독이 된다. 이들은 해마와 대뇌피질을 자극하여 기억력과 집중력의 손상을 입힌다. 그래서 우리는 심한 스트레스를 받은 상태에서 일에 집중하지 못하거나 때로는 스트레스 상황을 기억하지 못하는 사람들을 접하기도 한다.

일본의 류머티즘 권위자 요시노 신이치 교수는 류머티즘 환자들에게 '눈물'을 치료로 처방한다고 말한다. 그는 실험을 통해 눈물이 류머티즘의 통증을 크게 감소시킨다는 것을 발견하였다. 양파를 깔 때 나오는 눈물과 달리, 감정이 작용하여 흘리는 눈물 성분에는 다량의 스트레스 호르몬인 카테콜라민과 함께 단백질과 나트륨 함량도 높은 것으로 알려져 있다.

스트레스 호르몬은 소화기 질환, 높은 혈중 콜레스테롤, 심근경색, 동맥경화의 원인이 된다. 눈물은 이 카테콜라민을 인체 외부로 배출시키는 기능을 하여, 스트레스를 감소시키고, 신체 유해한 독을 줄여주는 역할을 한다.

“울면 엔돌핀이 나와 기분이 좋아진다”

“그 영화 보고 너무 슬퍼서 울었어요. 그 영화 참 좋군요.” 또는 “그 음악을 듣는데 감동돼서 눈물이 났어요. 그 음악 너무 좋군요”라는 말을 종종 듣는다. 감동하면 자주 눈물이 따른다. 감동의 사전적 의미는 “깊이 느껴 마음이 움직인다”라는 뜻이다. 눈물을 흘리면서 본 영화를 우리는 “재미있다. 좋다. 감동했다”라고 말한다.

눈물은 마음이 움직일 때 나오는 액체이다. 생각지 못했던 선물을 받을 때 우리는 “나 완전 감동했어. 완전 좋아!” 책을 읽고 난 후 “너무 슬퍼서, 너무 억울해서, 너무 불쌍해서 눈물을 펑펑 흘렸어”라고 한다. 이렇게 내 마음을 움직이게 한 것을 우리는 좋다, 재미있다고 느낀다.

초등학생 철수는 동생이 없어졌으면 좋겠다고 하였다. "동생이 맨날 따라 다녀요. 동생 때문에 친구들하고도 잘 못 놀아요. 하고 싶은 일도 맘대로 못해요. 엄마 아빠가 직장에 다녀서 저한테 맡겼어요. 그래서 데리고 다녀야 해요. 동생이 죽었으면 좋겠어요"라고 하며 철수는 엉엉 울었다. 옆에 있던 수미의 눈에서도 눈물이 글썽거렸다.

수미는 "나도 그 느낌 알아. 나도 동생이 어디든 따라다녀서 몰래 따돌리고 도망 다닐 때가 많았어. 동생을 혼자 두면 엄마한테 혼나니까 데리고 다녔는데, 그때 나도 너랑 같은 느낌이었어"라고 하며 울먹였다.

수미의 말에 철수는 더 크게 울었다.

철수는 이내, "동생한테 미안해요. 미안해. 미안해"라고 하며 손 등으로 눈물을 훔치며 울었다.

탁자 위에 올려진 아이들의 깍지낀 손이 상담 내내 미세하게 떨렸다. 상담이 종료되자 긴장감과 몰입감을 경험했던 아이들은 밖으로 신나게 뛰어나왔다. 그리고 서로 "너무 재밌었어. 완전 재밌어. 진짜 좋았지?"라고 하고, 선생님께 다가와 "선생님 너무 재밌어요. 다음에 또 언제 해요? 빨리 또 집단상담하고 싶어요"라고 하였다.

그리고 철수는 동생한테 더 친절해 졌다. 수미의 어머니는 "수미가 너무 짜증이 많아서, 말 붙이기가 어려웠는데, 요즘 달라졌어요"라고 하셨다.

몇 년 지난 후에, 참여자 중 한 아이를 우연히 길에서 만났을 때도, 그 아이는 "선생님 그때 너무 재밌었어요. 정말 좋았어요"라고 하였다. 몰입감을 경험했던 아이들은 그 경험을 잊지 않을 만큼 재미있는 경험으로 기억한다.

울면 기분이 좋아진다. 무슨 일이 벌어진 걸까? 눈물은 특정 감정적 경험에 몰입할 때 발생 된다. 그래서 우리는 눈물을 흘리기 위해 먼저 감정몰입이 필요하다. 눈물을 흘리게 만드는 수준의 감정은 이미 깊은 심층에 존재한다. 우리가 그것을 느끼려면 강렬한 공포나 불안, 기쁨, 슬픔을 일으키는 사건이나 상태를 만나야 한다.

누구나 한 번쯤 시간 가는 줄 모르고 뭔가에 몰입한 경험이 있을 것이다. 또 그 몰입감 자체에 기분 좋은 느낌을 경험해 보았을 것이다. 모든 것을 잊어버릴 정도로 연주에 몰두하고 있는 피아니스트, 명상에 집중하는 수행자, 어려운 수술을 하고 있는 외과 의사, 위험한 암벽을 타고 있는 등반가가 절정의 순간에서 느끼는 경험에는 공통적인 특징이 있다. 그 활동 외에 모든 것이 정지된 듯한 몰입감을 느낀다는 것이다. 몰입이란 어떤 활동에 깊이 집중하여 시간의 흐름이나 공간, 자의식까지도 잊어버리게 되는 깊은 심리상태다.

상담 중에 눈물과 같은 최상의 정서적 몰입 경험은 내담자를 한 단계 더 성장시킨다. 몰입은 그들의 태도를 더 적극적으로 변하게 만들고, 치료효과는 극대화된다. 칙센트미하이(Csikszentmihalyi) 교수는 몰입이란 완전히 집중할 때 얻어지는 최적의 심리상태를 말하며, 그것은 만족감과 행복감, 성숙감을 느끼게 해준다고 말한다. 따라서 몰입경험이 많은 사람일수록 행복감, 자유감, 자기 결정성, 자기효능감과 같은 정서를 더 많이 경험한다고 하였다.

유사하게 심리학자 엘리스(Ellis)는 몰입이란 개인이 어떤 활동에 깊이 몰두된 상태로, 유능성과 행복감을 동시에 느끼는 즐거운 심리적 상태라고 하였다. 그것은 이전에 경험하지 못했던 새로운 의식상태를 느끼게 해줌으로써 한 차원 더 높은 수준의 수행을 할 수 있도록 돕는다고 말한다. 깊은 몰입은 사람을 즐거움의 상태에 있게 하고, 장기적으로는 개인을 한 단계 더 성장시킨다는 것이다. 즉, 우리가 어떤 상태에 몰입하여 눈물을 흘릴 때 유능성, 만족감, 감동, 즐거움 등을 느끼게 된다.

울면 기분이 좋아지는 또 다른 이유는 몰입할 때 나오는 기분 좋게 만드는 신경전달물질 때문이다. 우리가 외부 또는 내부에 있는 어떤 자극에 계속해서 정신을 집중할 때 우리 뇌는 엔도르핀, 도파민과 세로토닌과 같은 신경전달물질을 분비한다. 도파민은 즐거운 기분, 창조적 사고, 긍정적인 사고와 만족감을 일으키는 것으로 알려져 있다. 세로토닌은 정서조절과 생활에 활력을 일으킨다. 도파민과 세로토닌의 양이 적으면 우울해지고, 많으면 기분이 좋아진다. 이러한 원리에 의해, 즐거움이 없는 우울증 환자들은 도파민과 세로토닌 수준을 높이는 약물들을 처방받게 된다.

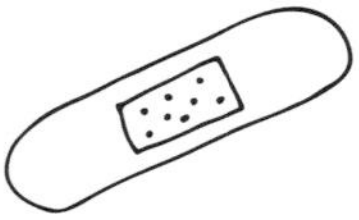

“눈물은 자율신경계를 진정상태로 돌려놓는다”

눈물치료는 산만한 마음을 진정시킨다. 우리는 눈물을 흘리며 자기 이야기를 꺼내 놓는, 한차례의 강렬한 감정을 쏟은 후, 해소감을 느끼며 평정심으로 돌아간다.

그리고 ‘앞으로 잘해 볼 수 있겠다. 아니 잘 하지 않아도 될 것 같아’라는, 긍정적이고 느긋한 태도를 갖게 되곤 한다. 생리적으로 눈물은 몸의 독소가 되는 신경전달 물질과 호르몬의 배출과 균형을 일으켜, 긴장이 풀리고 진정효과를 촉진시킨다.

즉, 눈물을 흘릴 때 우리 몸의 자율신경계가 다시 안정상태로 회복된다. 우리가 울고 나서, “뭔가 답답한 마음이 풀린 것 같다. 묵직한 바윗덩어리를 굴려버린 느낌이다”라고 말하는 이유에는 이런 원리가 숨어있을 것이다.

남편과 이혼하기로 한 아내는 어느 날 저녁 남편과 허심탄회하게 풀 게 있으면 풀어야겠다 싶어, 맥주와 안줏거리를 만들어 놓고, 먼저 손을 내밀어 화해를 구했다. 그동안 얼마나 고통스러웠는지, 이야기를 꺼내기도 전에 눈물을 흘렸다.

"왜 항상 밤늦게 들어오느냐? 왜 전화를 안 해주냐? 왜 핸드폰을 받지 않느냐? 왜 같은 이야기를 여러 번 해도 무시하느냐? 왜 항상 '사업을 하다 보니 거래처 사람들을 만나야 해서, 어쩔 수 없다'라고만 하냐? 왜 항상 '다 가족들을 위해서 이 고생하는데 도와주지는 못할망정 잔소리냐'라고 화를 내냐? 내가 얼마나 걱정하고, 화도 나고, 그래서 잠을 못 자는지 아느냐?"

울면서 그동안 쌓인 것들을 다 털어놓았다. 나름 남편에게 눈물로 그녀의 진심을 전했다. 남편은 그녀의 눈물에 마음을 움직이는 듯했지만, 며칠이 지나자 다시 되돌아와 있었다. 그녀는 더 이상 노력하지 않기로 했다.

기꺼이 울었던 그 날 저녁의 진심이 배신당한 것 같다고 하였다. 분노가 생기고, 복수하고 싶다며, 눈물을 멈추지 못했다.

그러나 눈물을 멈춘 후, 이전의 분노와 복수심은 희미해져 있었다. 여전히 남편과 해결되어야 할 과제들이 남아 있지만, 걱정하는 마음으로 다시 돌아와 있었다.

"근데 남편이 제발 전화만 받으면 좋겠어요. 늦어도 괜찮으니 잠시 10초라도 늦는다고 전화만 해주면 좋겠어요. 정말 불안하거든요."

눈물은 마음을 진정시켜 다시 제자리로 가져다 놓는다.

“눈물은 치료의 단서다”

치료의 눈물은 용서, 감사, 다행감으로 종결되곤 한다. 치료적 눈물은 삶을 다시 새롭게 시작하는 터닝 포인트를 만들며, 긍정적 정서와 바람직한 의지로 안내한다. 자신에 대한 새로운 발견, 이전에 경험하지 못했던 새로운 의식상태를 느끼게 해준다. 그리고 한 차원 더 높은 수준의 행동을 이끈다.

눈물은 치료적 변화에 중요한 단서를 제공한다. 우리는 누군가가 눈물을 흘린다면 그 사람이 보통 수준의 감정상태가 아니라는 것을 짐작한다. 심리상담자는 눈물을 중요한 의사소통과 자기개방의 단서로 여긴다. 자신의 이야기를 기꺼이 꺼내놓는 자기개방은, 상담이 잘 이루어지고 있다는 중요한 단서로 여겨지고 있다. 부모나 선생님은 자신의 말을 듣고 있는 자녀나 학생들의 눈물을 보고 '음, 좋아! 나의 설득, 훈계가 잘 먹히고 있는 것 같군', '나의 진심을 받아들이는 것 같군'이라고 짐작하게 된다. 눈물은 내 말이 잘 받아들여지고 있다는 증거물로 생각되기 때문이다.

심리학자 해리스(Harris)는 상담 장면에서 눈물은, 눈물을 흘린 사람의 내부에서 심리적 변화가 생겼다는 의미로 해석되어야 한다고 말한다. 이러한 변화는 나의 고통을 이해해주는 누군가가 존재하느냐에 따라 달라진다. 인본주의 심리학자는 눈물이 충분히 수용될 때 치료효과를 극대화 할 수 있다고 믿는다.

따라서 누군가가 그의 눈물을 공감하고, 지지하고, 돌봄과 같은 행동적 지원을 할 때 그는 자기중심에서 벗어나 문제를 제삼자의 입장에서 검토하고, 궁극적으로 관계의 회복을 이끈다고 한다.

누군가 우리에게 자서전을 쓰라고 한다면, 주로 '눈물로 얼룩졌던 히스토리'를 쓰게 될 것이다. 너무 힘들던 날, 너무 감격한 날, 너무 아쉬웠던 날, 실제 생의 모든 중요한 시점마다 눈물이 있었음을 알게 된다. 심리학자 마로다(Maroda)는 눈물을 흘리는 동안 먼저 감정이 올라오고, 그다음으로 깨달음이

나 발견의 경험이 뒤따른다고 말한다. 이를, 심리학자 윌리엄스(Williams)는, 눈물이 자신의 상태를 발견하는 기능을 가지고 있기 때문이라고 하였다.

"받아주지 않는 눈물은 난폭한 폭탄을 만들 수 있다"

눈물은 깊고 은밀해서 아무 데서 흘리기 어렵다. 보통 사람들이 일상에서 감추어왔던 눈물을 심리상담실에 와서 쏟아내는 것은 상담실이 눈물을 끌어내는 촉진적이고 개방적인 공간이 되어 주기 때문일 것이다.

"내가 너무 힘들어요"라고 하며 울었으나, 적절한 환경이 제공되지 못할 때, 그 눈물은 성장으로 가지 못하고 위기를 부추길 수 있다. 기꺼이 흘린 눈물이 수용될 거 같지 않은 환경에서, 대부분 눈물을 절제한다. 그래서 심리학자 넬슨(Nelson)은 사람들은 자신이 수용 받을 수 있는 따듯한 관계 안에서 진솔한 감정표현과 눈물을 흘릴 수 있다고 말한다.

동생이 생기고 계속 자기만 봐달라고 칭얼대는 큰아이에게 엄마가 "도대체 왜 이러는 거니? 너, 또 맞을래? 엄마 지금 동생 돌보는 것도 힘든데, 일부러 대소변을 안 가리고, 밥을 먹여 달라고 징징대고... 너 이리와! 엄마 화났어"라고 하면서 아이를 때려주거나, 무섭게 혼을 낸다면, 아이는 엄마가 자리를 비운 사이, 동생을 괴롭힐 것이다. 강아지를 잔인하게 대하고, 일부러 장난감을 던질 것이다. 감정을 수용 받지 못한 아이들은, 짜증이 많고 난폭한 폭탄이 될 수 있다.

중학교에 다니는 영희는 엄마와 말하고 싶지 않다고 한다. "한 동네서 유치원 때부터 친구였던 아이들이 저를 왕따시켜요"라고 하며 울었다. 엄마가 성적이 너무 떨어졌다고 심하게 혼낼 때 그 사실을 말했다. 그러자 엄마는 "그런 거 신경 쓰지 말고 공부나 해. 내가 엄마들 만나서 해결할게"라고 했다. 며칠 후 그 친구들 가족들과 함께 식사 자리가 마련되었다. 그날 이후 친구들은 더 은근이 영희를 따돌리는 것 같았다.

오늘도 영희는 "아파트 옥상에 올라갔다 왔어요"라고 하였다. "용기가 안 나서 오늘도 그냥 돌아왔어요"라고 하며 울었다.

"나는 죽음을 생각하는데, 엄마는 공부나 신경 쓰라고 해요. 대학 먼저 가라고... 친구는 그때 사귀라고..."

마음을 받아주는 상담 속에서, 영희는 오래오래 흐느껴 울었다. 눈물을 멈춘 후, "이 말 엄마한테 하지 말아주세요. 괜히 걱정만 하시니까... 그리고 어떻게 되겠지요. 엄마 말대로 '공부에 좀 더 신경 써볼까?' 하는 생각이 들어요"라고 하며 웃었다.

우리는 종종 나의 진심이 거절될 때 바늘을 바짝 세운 고슴도치로 변해, 상대를 공격하거나, '나도 이제 아무것도 안 할 거야'라는 생각으로 담을 쌓기도 한다. 그러나 마음을 꺼내 놓고 진심과 눈물이 수용될 때, 부드러워진다. 혼란을 정리하고, 생각도 균형이 잡힌다. 그래서 눈물을 흘릴 수 있는, 마음이 받아들여지는 치료의 공간이 필요할 때가 있다.

chapter

03

눈물의 종류에 맞는 치료방법

사람들에게 자신이 경험한 고통을 이야기하거나,

일기를 통해, 밖으로 직접 꺼내 놓을 수 있는 용기를 항상

기대하기는 어렵다.

만일 용기를 내서 꺼내 놓기를 반복한다면,

그 고통은 힘을 잃어가며 점점 가벼워질 것이다

눈물의 종류 1

자꾸 그날의 끔찍한 사고 장면이 떠올라요

눈물 중에는 끔찍한 사고 장면, 죽음 직전의 공포 장면이 계속 떠올라서 나는 괴로운 눈물이 있다. 충격적인 잊을 수 없는 장면 즉, 끔찍한 범죄, 폭력, 사고, 재해 등을 직접 경험하거나 목격했던 사람들은 시도 때도 없이 떠오르는 생생한 장면 때문에 고통스러워한다.

제2차 세계대전 이후 미군들은 "난 살아서 돌아갈 거야, 내 가족들이 있는 고향으로 돌아갈 거야 꼭!"이라고 하였는데, 그 말대로 전쟁터에서 살아남아 집으로 돌아온 미군들이 있다. 그러나 그렇게 꿈꾸던 고향에 돌아왔던 사람들은 자살을 하기 시작하였다. 왜 이런 일이 생긴 걸까?

심리학자들은 그 정신병을 '외상후 스트레스'라고 명명하고 그들을 주목하기 시작하였다. 전쟁터에서 참혹했던 장면이 바로 앞에서 일어나듯 생생하게 떠올라 그들은 전쟁터에서 돌아왔지만, 여전히 전쟁터에 남아 있었던 것이다.

우리는 인생을 살면서 크고 작은 외상들을 경험한다. 그 외상이 너무 커서 스스로 해결하지 못하는 수준도 있고, 해결할 만한 것들도 있다.

민수 씨는 자살 시도로 병원에 입원했다가 막 퇴원한 상태였다. 그는 평상시 술을 마셔야 겨우 잠이 들었다. 그런지 벌써 1년쯤 된 것 같다. 알코올 중독에서 벗어나기 위해 병원에 입원한 적도 있다. 1년 전, 같은 동네에 사는 사촌 형이 어느 날 바람 쐬러 가자고 불렀다. 집 근처 갯바위에 둘이 차가운 겨울바람을 맞으며 서서 이런저런 이야기를 나눴다. 그러던 중, 사촌 형은 "사는 게 너무 힘들어. 죽고 싶어"라고 하였다. 그러더니 갑자기 바다로 뛰어내렸다.

민수 씨는 사촌 형의 자살을 목격한 후로 그 장면이 너무 생생하게 떠올라서 맨정신으로는 잠이 들 수가 없었다. 벌써 네 번이나 자살 시도를 하였다. 이번에는 쥐약을 먹었다. 쥐약이 쥐만 죽는다는 걸 몰랐다고 한다.

한 달 후에 다시 온 민수 씨는 "선생님이 글로, 말로 그 상황을 계속 꺼내 놓으라고 하셨잖아요. 그래서 동료들과 술 마시면서, 밥 먹으면서 그 이야기를 했고, 낮에 몇 번이나 그 장면을 글로 써 봤습니다. 진짜로 자꾸 꺼내 놓으니까 공포감이 줄더라고요. 이제는 친구든, 동료든 맨날 모이기만 하면 '그때 내가 오줌을 다 쌌다'라고 하면서 웃기도 해요. 가벼워졌어요. 저랑 비슷하게 충격적인 경험들을 한 사람들이 많더라고요. 내가 먼저 꺼내면 다들 자기들 것도 한 개씩 꺼내면서 웃어요" 라고 하였다.

이런 종류의 눈물은 어떻게 해결할 수 있을까? 과거 충격적인 장면이 꿈이나 생각을 통해 생생하게 바로 앞에서 일어나는 것처럼 펼쳐지는 고통 때문에 그들은 눈물을 흘린다. 그들은 그 사건과 연관된 모든 것들을 피하고, 두려워한다.

행동주의 심리학자들은 이런 종류의 눈물을 치료하기 위해 노출치료를 제안하고 있다. 포아와 릭스(Foa & Riggs)는 그 장면을 반복적으로 노출할 때 과도한 심리적 충격을 극복할 수 있다고 말한다.

노출이란 고통을 마음 밖으로 계속 꺼내 그 경험과 만나는 것이다. 공포와 불안을 일으키는 대상이나 상황을 반복적으로 밖으로 꺼낼 때 불안감이 둔해져 간다는 원리에 근거한다. 마치 손을 자주 씻는 강박증을 가진 사람이 더러운 휴지나 손잡이를 계속 만지게 하고, 손 씻는 행동을 하지 못하게 한다면,

처음엔 불안 수준이 매우 높아지지만, 점점 오염물질을 만지거나 손을 씻지 않아도 불안을 느끼지 않게 된다.

민감했던 불안이 점점 둔감해지는 원리다. 헤어졌던 장면, 맞았던 장면, 슬프거나, 억울하거나 두려웠던 기억을 꺼내 놓기 힘든 사람은 “엄마 얘기는 하지 말랬지! 그 얘기는 다시 하지 말랬잖아”라고 소리치곤 한다. 그러나 꺼내고 꺼내면 둔해진다. 더 이상 아무런 영향을 끼치지 못하게 된다.

사람에 따라 처음부터 바로 노출하는 것에 심한 저항이나 불안을 일으킬 수 있다. 그래서 행동주의 심리학자들은, 처음에는 나와 비슷한 누군가의 경험을 통해 나의 충격을 대리적으로 느끼는 간접적 노출로 시작해서, 점점 내가 직접 경험한 것을 꺼내는 방식으로 노출하는 것이 안전할 수 있다고 말한다.

민수 씨와 같이 외상후 스트레스가 원인이 되는 종류의 눈물은, 그 기억에 대한 과감한 노출이 필요하다. 그러나 고통의 수준이 강할수록 노출하는데 강한 결단이 필요할 수 있다. 따라서 눈물치료의 병행은 떠올리기 어려운 자기개방을 일으키고, 포기하지 않을 강한 결단을 촉진함으로써 치료 효과를 극대화할 수 있다.

치료자_ 이 A4용지에 민수 씨가 눈물을 흘렸던 가장 고통스러웠던 장면이나 느낌을 그려보세요. 나의 이야기가 아직 힘들다면 다른 사람의 이야기도 괜찮아요.

치료자_ 다 그리셨으면, 이 그림 주인공은 어떤 이야기를 가진 사람인지 말해주세요.

내담자_ 이 주인공은, 형이 자기와 함께 이야기하던 중, 바다에 뛰어들어 극단적 선택을 하는 모습을 목격했어요. 갑작스러운 친한 형의 자살이 충격적이었어요.

치료자_ 이 이야기의 주인공은 이 사건으로 인해 삶의 어떤 부분이 달라졌나요?

내담자_ 그날 이후로, 그 장면이 생생하게 반복되어 잠을 이룰 수가 없어 알코올 중독자가 돼 버렸어요. 본인도 여러 번 자살시도를 했어요.

치료자_ 그 경험을 없던 거로 만들고 싶군요. 그 경험을 없앨 수 있나요?

내담자 _ 아니오. 가능하지 않을 것 같아요. 그냥 받아들여야 겠지요. 그러나 그 영향력을 줄여야 할 것 같아요. 선생님 말씀대로 그 기억이 떠올라도 크게 영향을 받지 않는 상태로요. 선생님께서 이런 종류의 눈물은 아무렇지 않게 될 때까지 계속 그 기억을 꺼내서 만나야 한다고 하셨는데, 사실 그 날을 다시 떠올리기가 너무 힘들었어요. 그렇지만 계속 이렇게 살 수는 없으니까 참고 시도해야겠지요. 오늘부터 시작해야 할 것 같습니다.

치료자 _ 지금까지 노출할 용기를 내지 못했던 이유가 무엇인가요? 이제 용기를 낸다면 주인공에게 아마도 큰 결단이 필요하겠군요. 먼저 이 주인공에게 노출하지 못했던 이유에 대해 진심 어린 공감과 그 기억과 용감하게 만날 수 있도록 용기가 필요하겠군요.

지금까지 도망쳤던 상황들과 직면하기 위해 눈물치료가 필요하다. 눈물은 그 상황 앞에 설 수 있는 강한 용기와 결단을 일으킬 수 있기 때문이다. 사람들에게 자신이 경험한 고통을 이야기하거나, 일기를 통해, 밖으로 직접 꺼내 놓을 수 있는 용기를 항상 기대하기는 어렵다. 만일 용기를 내서 꺼내 놓기를 반복한다면, 그 고통은 힘을 잃어가며 점점 가벼워질 것이다. 그러나 종종 특정 경험을 떠 올리는 것조차 과도한 부담과 불안을 느끼는 사람도 있다. 불편한 사건을 노출하는 것에 저항하는 것은 자신의 안전과 보호를 위해 하는 정상적인 행동이다. 이들은 간접적으로 책이나 영화를 보면서 나와 같은 고통을 재현하는 주인공을 통해 다시 꺼내 보는 방법이 더 안전할 수 있다.

행동주의 심리학자 반두라(Bandura)는 타인이 겪고 있는 경험이 나의 것과 유사할 때 우리는 그를 통해 대리경험을 하게 된다고 말한다. 내 고통을 직접 꺼내기 어려울 때 나의 경험과 유사한 다른 사람의 경험을 듣거나, 보거나, 읽는 것으로도, 나의 경험을 밖으로 꺼내 놓는 것과 동일한 노출 효과를 얻는다는 것이다.

그래서 대리적 경험의 눈물은 보다 안전하게 자기를 노출할 수 있는 방법으로 여겨지고 있다. 영화를 보면서, '나'로부터 떨어져 관객의 자리에서, 나의 고통 하나를 스크린 화면에 띄우고 나를 대신하는 대리자를 통해 다시 한번 재현되는 것을 볼 때 '확장된 나'를 경험하게 된다. 이 눈물은 비록 대리경험이지만, 나를 향해 울어주는 눈물이다.

영국의 다이애나 왕세자빈이 사망했을 때 영국민 전체가 애도의 눈물을 흘렸다. 그 사건 이후 얼마간 영국의 심리상담소를 찾는 환자가 절반으로 줄었다고 한다. 심리학자들은 이를 '다이애나 신드롬'이라고 불렀다. 누군가를 향해 울어주는 것만으로도, 유사한 경험을 가진 내가 치료될 수 있는 것이다.

눈물의 종류 2

이제 과거와 화해하고 떠나보내고 싶어요

미뤄왔던 과거의 상처와 화해가 필요한 눈물이 있다. 사랑하는 사람들과의 사별과 이별, 죄책감, 실패, 절망, 이해받지 못한 상처들은 우리에게 다시 되돌릴 수 있는 기회를 주지 않는다. 우리는 그것으로부터 벗어나지 못해 괴롭다. 이런 종류의 눈물들은 이제 떠나보내야 한다. 오랫동안 미뤄오던 숙제를 이제 끝내기 위해 눈물치료가 필요하다.

강하지 않으면 놓지 못한다. 그래서 가장 강한 눈물이 필요하다. 그들은 마치 망자를 보내며 우는 사람처럼 울지 않고, 절규하지 않고는 잘 보내지지 않는다. 내려놓을 수 있을 때까지 오랫동안 눈물이 필요할 수 있다. 상처가 강하고 깊을수록 눈물도 더 강하고 깊은 것이 준비되어야 한다.

이별을 놓아주지 않으면, 정신병이 된다. 아마도 우리는 우울이나 불안에 시달리거나 알코올 중독자로 변해 갈지 모른다. 그러나 놓아주면, 그 아픔은 성장의 거름이 되어 준다. 충분한 애도는 상처를 그저 '나한테도 왔다 갔던 것'이 되게 한다. 붙잡기 위해 울었던 눈물이 보내주는 눈물로 변할 때, 우리는 좌절과 상처와 화해할 수 있다. 그래서 눈물을 털어내기 위한 창조적 절망이라고 한다.

새로운 것을 받아들이고 창조하기 위해 내려놓아야 하는 것들이 있다. 어린아이가 병 속에 사탕을 집은 주먹을 펴야만 다시 자유로워진 손을 가질 수 있듯이 말이다. 눈물은 과거에서 현재로 넘어온 상처 난 감정의 힘을 뺄 수 있는 좋은 도구다. 프라이멀(primal) 치료자 야노프(Yanov)는 "고통을 많이 느끼면 느낄수록 그 상처는 작아진다"고 말한다. 어딘가에 숨겨둔 과거 상처를 다시 꺼내서 충분히 느끼는 작업은 숨은 영향력을 줄이는 데 유용하다는 것이다.

프라이멀 심리치료(Primal Therapy)라고 불리는 '울기 프로그램'은 미국과 유럽 등에서 활발하게 활용되어 오는 오랜 심리치료기법 중 하나다. 70년대 비틀스의 멤버 존 레넌이 사용한 치료기법으로도 유명하다. 그는 울기 치료를 받은 후, 유년기에 어머니와 아버지에게 받은 상처가 치유되었다. 그가 작곡한 어머니에 대한 노래는 어린 시절 자신을 버린 부모에 대한 원망과 사랑을 절규로 표현한다.

"엄마, 가지 마세요! 아빠, 돌아오세요!"를 반복하는 이 노래의 절규는 화해하기 위해, 받아들이기 위해, 이제 자유롭기 위해 떠나보내는 절규다.

빈번하게 감성을 억제하고 이성을 지향하는 학습을 받아온 사람들에게, 눈물은 당황스러운 치료 도구로 보인다. 그러나 실제로 마음껏 울기 위해 정기적으로 프라이멀 프로그램을 찾는 사람들 대부분이 전문직 종사자라는 보고가 있다.

'프라이멀 치료'란 깊이 묻었던 과거 상처를 꺼내서 느끼게 될 때, 그 힘에서 벗어날 수 있다는 원리에 기초한다. 상처를 꺼내어 놓고 그 상처를 향해 깊이깊이 애도의 눈물을 흘릴 때 억압되어 표현하지 못했던 마음으로부터 평안과 자유를 얻게 된다는 것이다.

그래서 때로는 절규와 흐느낌을 통해 깊이 억눌려 있는 고통의 맨 끝 계단까지 내려가기를 권한다. 울기 프로그램은 마음의 층을 한 계단, 한 계단 더 깊이 내려가, 고통을 받을 당시에는 표현할 수 없었던 감정을 실제로 맞닥뜨리는 것이다. 눈물은 바로 거기서 그 고통의 실체를 만나게 해주는 안내자가 되어 준다.

수미 씨는 상담실에 우울한 표정으로 들어왔다.

"남편과 이혼하고 싶어요. 저랑 너무 안 맞는데... 다 엄마 때문이에요. 엄마만 아니었으면 지금의 남편과 결혼하지도 않았을 거예요. 그때는 하루라도 빨리 집에서 도망치고 싶었어요. 엄마가 1년 전에 돌아가셨어요. 돌아가시면 이 모든 싸움이 다 끝날 줄 알았어요. 그런데 더 요동치는 거예요. 잠을 잘 수가 없어요. 엄마와 나는 마치 애증 관계 같아요.

어릴 때 엄마는 아들을 낳으려 했는데 딸로 태어난 나를 그림자 취급하셨어요. 늘 사업하신다고 바빠서 집에 늦게 들어왔고, '엄마' 하고 달려가면 '얘, 저리 비켜. 이모랑 같이 자'라고 하고 '이모'라고 불렀던 집에서 일해주는 분에게 밀었어요. 늘 엄마의 애정을 받고 싶어 반항하고 문제 일으키고... 언젠가 소리 지르는 나를 향해 엄마가 쇠 필통을 제 이마에 던져서 병원에 실려 간 적도 있어요. 집에 있는 것이 너무 싫어서... 빨리 집을 떠나고 싶어서 한 번 선본 남자와 결혼해서 집을 나갔어요. 내가 첫 아이를 낳았다고 오신다는데 제가 전화로 오지 말라고 소리 질러서 못 오셨어요.

어머니가 곧 돌아가실 것 같다고 가족들이 저한테 연락을 해왔어요. 결혼한 지 거의 10년 만이었는데... 고민했어요. 가야 하나 말아야 하나... '그래도 돌아가신다는데 마지막으로 한번 만나서 물어봐야겠다'라고 생각했어요. 병원에 누워있는 엄마에게 '나한테 할 말 없어요?'라고 물었어요. 그런데 엄마가 한다는 말이 '너는 다른 애들 열 키우는 것보다 더 힘들었어'라고 하는 거예요. 죽어가면서까지 그런 말을 해야겠냐고 다시 화를 내고 병원문을 꽝 차고 나왔어요.

그게 마지막이었죠. 바로 엄마는 돌아가셨고...

저는 '이제 다 끝났다'라는 생각이 들었어요. '어릴 때부터 엄마와 내가 그렇게도 싸웠던 모든 싸움이 이제 다 끝났어'라고 생각한 거예요. 그런데 그게 아니었어요. 마음이 엄마가 돌아가시기 전보다 더 힘들어요. 내 안에 도대체 무엇이 남아 있는 건지... 하루하루 고통스럽지 않은 날이 없어요. 매일 죽고 싶다는 생각을 해요."

치료자는 "병원에서 엄마를 마지막으로 보았던 날, 엄마한테 듣고 싶었던 말이 무엇이었나요? 다시 엄마를 만난다면 허심탄회하게 그동안 못했던 말들을 터놓고 나누고 싶은 대화가 무엇이지요? 여기 종이에 써 보세요"라고 권하였다.

수미 씨는 뭔가를 써 내려가다가 이내 멈추고 한참을 흐느

꼈다. 써야 할 말이 너무 많은 것이었다. 한나절 내내 계속해서 쓰다가 멈추고 휴지로 눈물을 닦기를 반복하였다. 그녀는 엄마를, 그 마음을 보내고 있었다. 새로운 시작을 위한 눈물이었다.

애도는 보내기 위한 의식이지만, 실제로 우리는 잃어버렸던 것들을 도로 찾기 위한 '눈물의식'이 필요하다. 넬슨(Nelson)에 의하면, 인간이 상처나 상실을 경험할 때 애타게 회복을 부르는 눈물을 흘리지만, 찾지 못하고 그 상실이 지속될 때 좌절의 눈물로 바뀐다고 한다. 그러나 이 시점에서 적절한 애도과정을 거친다면 다시 새로운 창조를 할 수 있는 조화로운 감정상태에 이른다고 말한다.

이따금 우리는 컴컴한 우물 속에 머리를 넣고 그 속의 상처라는 괴물과 끝도 없이 싸우며 울고 괴로워한다. 그 괴물을 끄집어내어 깔끔하게 없애 버린다면 다시 행복해질 것 같아서다. 그래서 다른 삶을 멈춘 채 그 괴물에게 집착한다. 그 괴물은 과거의 상처일 수도 있고 3개월밖에 살 수 없다는 시한부 판정일 수도 있다. 그 괴물은 되돌릴 수 없는, 없어질 수 없는 실체라는 걸 인정하지 못한다면, 끝없는 좌절과 집착만이 지속될 뿐이다. 성장도 멈춰진다.

"남자친구가 나를 떠났어요. 인정하기 어려워요. 그는 아마도 내가 죽으면 후회하고 힘들어할 거예요. 난 그를 힘들게 할 거예요. 이제 내 삶은 없어요"라고 하며 좁은 우물 속에 머리를 넣고 우물 밖 세상을 보지 못한다.

이들은 오직 하나의 정보에만 집착하느라 주위의 무한한 가능성을 못 보는 터널시야를 갖고 있다. 터널시야를 가진 지나치게 단순한 그들의 판단은 자주 위태롭다.

이런 종류의 눈물은 서둘러 '더 이상 내 삶을 이곳에 멈춰있게 할 순 없어. 이제 그만 돌아서야 해. 이제 우물 속에서 머리를 뺄 때가 됐어'라는 자각과 결단이 필요하다. 모든 일이 내가 원하지 않은 채로 놔둬야 한다는 것, 해결되지 않은 채로 놔둬야 한다는 것, 그대로 인정하고, 그대로 받아들여야 한다는 것을 알아야 한다.

한바탕 실컷 우는 용기를 낸 이후에 그것이 어떤 노력에도 없어지지 않는 사실임을 인정하고 받아들일 때 그토록 발버둥쳤던 싸움은 멈춰진다. 아마도 우리는 우물 밖의 세상을 둘러 보는 순간, 여전히 나에게 주어진 수많은 기회에 놀라게 될 것이다.

수미 씨는 보내주는 눈물이 필요하다. 화해와 애도의 눈물이 필요하다. 눈물이 병행될 때 보내려던 상처를 마음속에 다시 집어넣지 않을 수 있을 만큼 강한 결단을 일어난다. 눈물이 병행될 때 감정의 수준은 깊은 단계까지 닿아 드디어 받아들이고, 지금까지 쥐고 있던 상처들을 이제 놓아주려는 마음이 생겨난다.

치료자_ A4용지에 이제 보내줘야 할 것 같은 힘든 이야기를 천천히 남김없이 다 쓰세요. 며칠 동안 써도 됩니다.

치료자_ 이제 이 이야기들을 보내줄 것입니다. 더 이상 잡아두지 않을 것입니다. 다시 미련을 두지 않도록 충분히 깊은 애도로 놓아주는 시간입니다. 보내기 전에, 이 힘든 이야기를 다시 한번 읽으며 뒤돌아보며, 마지막 인사를 하는 시간을 가지세요. 이제 떠나가는 상처에게, 오늘 이후 다시는 못 보게 될 나의 아픔에게 '잘가'라고 인사하세요.

치료자_ 이제 보낼 준비가 되었으면, 그 이야기를 되도록 먼지같이 잘게 찢어주세요. 이제 이렇게 먼지 같이 날아가고, 더 이상 다시 완성돼서 아픔으로 찾아오지 못할 기억들이 되었습니다.

치료자 _ 그 기억의 조각들을 화장실에 가서 이제 물로 내리고 오세요.

치료자 _ 이제 마음을 들여다보세요. 아직 남아 있는 것이 있나요? 비어있다면, 그곳에 무엇이 새로 채워지면 좋을까요? 이제 생각해야 할 시간이 필요할 거예요.

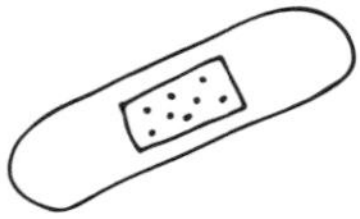

눈물의 종류 3

사람들과 있어도 외로워요

외로움 때문에 흘리는 눈물이 있다. 인간의 많은 정신병의 뿌리에는 외로움과 소외감에 대한 두려움이 있다. 외로움에 압도된 사람은 외로움을 부인하기 위해 진정한 관계보다 상대방을 외로움으로부터 도망치려는 목적으로 이용하는 관계를 맺곤 한다. 그들은 늘 눈물을 흘리지만, 성장에 도움이 되는 눈물이 아닌 경우가 많다.

종종 자기연민에 빠진 눈물도, 친밀한 타인을 조종하려는 목적의 눈물도, 어린아이처럼 “이걸 원해요. 즉시 나의 요구를 들어주세요. 안 그러면 당신을 당황스럽게 만들 거에요”라는 식으로, 그가 내가 원하는 요구를 과연 들어줄 만큼 나에게 관심이 있나를 알고 싶어 하는 도구로 사용한다.

이런 눈물은 깊은 마음의 층에서 나오는 성장의 눈물이 아니다. 특정 목적을 지닌, 지나치게 의사소통의 도구로만 사용되는 눈물에 속한다. 우리는 이따금 누군가의 고통의 눈물을 성장의 눈물로 길을 터주는 지혜로운 피드백을 건네야 할 때가 있다.

실존주의 심리학자들은 외로움을 피하려는 결사적인 인간의 행동은 지나치게 사람을 의존하거나, 소유하려는 병리적인 증상을 만든다고 한다. 헤어지자마자 또 다른 사람을 재빨리 만나야 하고, 헤어지면 살 수 없다고 오랫동안 소동을 벌이기도 하고, 슬픔을 잊기 위해 다양한 의식행위에 몰두하기도 한다.

'나'라는 자신과의 시간이 너무 어색하고 불편해서, 정신없이 누군가를 찾는 사람들은 삶을 유지하는 유일한 끈을 사람들과 붙어있는 것이라 여긴다. 사람들로부터 사랑받고, 관심받고, 인정받느냐 그렇지 못하느냐에 집착하는 병리적 애착이 발생한다. '타인이 나를 어떻게 여길까?' 안타까운 눈치를 보거나, 타인이 나를 대하는 태도를 해석하는데 너무 많은 시간을 할애한다. 누군가의 관심이 없으면 곧 시들어가는 사람들처럼, 전혀 자유롭지 못하다. 그들의 작은 눈빛, 표정, 태도, 말투에 따라 우울하다가 기뻐하다가, 감정이 요동친다.

이들은 나만의 미래도, 꿈도, 취미생활도 계획하기 어렵다. 오직 관계에 매달리고, 관계에 문제가 생길까 봐 전전긍긍하고, 관계를 유지하기 위해 에너지를 집중하느라, 다른 여유가 없다. 그래서 자신에게 주어진 삶을 주도적으로, 책임감 있게 살기 어렵다. 빈번하게 "이 사람 때문에, 저 사람 때문에…"라고 하며 자신이 선택한 삶의 문제의 원인을 누군가에게 전가하는 미숙한 삶을 살아가기 쉽다. 자신이 '피해자'라는 피해의식에 사로잡혀, '왜 그렇게 사람들이 나를 잘 받아주지 못하는 거야'라고 생각한다.

다들 각자의 삶을 살아갈 뿐, 아무도 나의 삶을 완전하게 공유해 줄 수 없다는 걸 알지 못해서, 늘 나를 향한 다른 사람들의 마음이 충분하지 않다고 서운해 한다.

복순 씨는 남자친구가 헤어지자고 하지만 매달린다. 남자친구에게 헤어지면 자기는 살 수 없을 것 같다고 하였다. 남자친구는 복순 씨에게 "너는 너무 사람 지치게 해. 툭하면 삐지고, 너를 내가 사랑하나 안 하나 확인하고, '내가 무엇 때문에 화를 내는지 맞춰봐?', '넌 왜 그렇게 눈치가 없지? 말 안 하면 몰라?', '네가 나에게 어떻게 하는지 보겠어'라고 하는 말도 이제는 질려. 그러니깐 이제 그만하자"라고 하였다.

복순 씨는 외로움에 빠질까 봐 너무 불안하다. 너무 불안해서 악착같이 상대와의 분리를 부정하고 하나가 되기를 원한다. 자신을 다른 사람의 일부로 여겨지길 원한다. '누군가가 나에 대해서 생각하는 동안만 나는 존재한다'고 믿는 사람 같다.

그래서 남자친구와 헤어진 복순 씨는 외로움을 감당할 수 없다고 자살을 생각하였다. 마치 게임하는 사람처럼 죽음에 도박을 걸기도 하였다. 그녀는 치사량의 수면제를 복용하고 남자친구에게 전화를 걸었다. "나 약 먹었어"라고 하고 전화를 끊었다. 아마도 '남자친구가 때맞춰 와서 내 생명을 구하면 살 것이고, 그렇지 않으면 죽을 것이다'라고 생각한 것 같다.

그녀는 '남자친구가 나를 구하러 급히 달려올 만큼 나를 사랑한다면 나는 다시 삶에 희망이 있다. 그 반대라면 어차피 살아 있을 의미가 없다. 나는 버림받았다. 아무도 날 사랑하지 않으니까 난 살아 있을 가치가 없어. 그건 견딜 수 없어. 그땐 죽음이 고통으로부터 나를 구해줄 수 있을 것 같아'라고 생각한 것이다. 그녀는 당분간이라도 외로움, 고독을 막아보려고 목숨까지 걸며 외로움으로부터 도망치려 했다. 그만큼 혼자 남는 것으로부터 구원받길 원했던 것 같다. 죽음에 건 도박을 마지막 지푸라기라고 하였다.

복순 씨는 누군가를 만나지 않으면 불안하다고 하였다. 막상 만나면 '나를 어떻게 생각할까' 눈치 보고, 신경 쓰고, 예민해서 사소한 것에도 상처를 받지만, 그들이 사라진 후의 외로움은 더 감당할 수 없다고 여긴다.

실존주의 심리학자들은, 인간은 태어날 때부터 각각 따로 분리된 혼자라는 것을 인정하지 못하기 때문에 외로움의 눈물을 흘린다고 말한다. 인간은 외로운 존재다. 아무리 친밀한 관계를 맺더라도 결국 닿을 수 없는 간격이 있다. 우리는 태어날 때도 혼자 태어났고, 죽을 때도 혼자 죽는다. 아마 신 앞에 서 있을 때도 누군가와 같이 서 있지 못할 것이다.

우리는 각각 따로 분리된 개체이기 때문에, 아무리 노력해도 타인과 연결될 수 없는 간격이 있다. 그래서 인간은 외로운 존재다. 변하지 않는 사실을 받아들이지 않는, 외로움에 압도된 사람들은 타인을 고통에 대한 방패로 사용하여 지배적이거나 소유적인 관계로 집착하는 등의 다양한 위험을 안게 된다.

결혼을 하고, 친구를 사귀는 것으로부터 외로움의 고통을 없애 보려 해도, 여전히 우리는 각자 혼자다. 따라서 어떤 관계도 외로움을 공유할 수도, 제거할 수도 없다. 실존주의 심리학자들은 진정 고독한 자만이 참된 관계를 맺을 수 있다고 말한다. 변하지 않는 실존을 거부하고 피하고 부인할 때 우리는 부적응자가 된다. 아마도 존재하는 외로움을 인정할 때까지 우리는 성숙하지 못한 관계들을 맺을 것이다.

"나를 좀 외롭지 않게 해봐! 너 때문에 외로워! 네가 나를 외롭게 하고 있다고. 빨리 해결해"라고 외친다. 나의 외로움을 누군가에게 의지하여 피하고 싶지만, 가능하지가 않다는 걸 알 때까지 이런 의심을 하며 외롭게 살 것이다. 내가 의지하고 싶은 그 사람 또한 고독을 감당하며 자기 몫의 삶을 살고 있을 뿐이다. 나 또한 내 고독은 내 몫이라는 걸 알아야 한다.

내 몫의 고독을 인정하는 자는, 고독을 두려워하지 않는다. 혼자 있는 나와도 충만하고, 타인의 삶도 그대로 존중할 줄 안다. 그들은 많은 다양한 관계들을 깨지 않으며, 얽매이지 않고, 존중 속에 자유를 누리며, 진정 성숙한 관계를 맺을 수 있기 때문이다.

복순 씨는 인간의 실존에 대한 깨달음과 외로움을 받아들이는 수용의 눈물이 필요하다. 이를 위해 우리는 가끔 '기적 질문'이 필요할 때가 있다. 지금까지 내가 원하던 삶을 살지 못하게 해왔던 방해꾼이 외로움이었다는 것과 직면할 수 있게 된다. 지금까지 외로움이 두려워 도망 다녔던 삶의 결과들을 확인할 수 있다. 만약에 외롭지 않았다면 현재 전혀 다른 삶을 살고 있었을 자신을 직면할 때 받아들일 수 있고, 삶에 대한 새로운 시각과 책임감이 생길 것이다. 눈물치료가 병행될 때 그녀의 심지가 단단해지고, 두렵지만 새로운 변화를 위한 용기를 가지게 될 것이다.

치료자 _ 만약에 내가 이제 외롭지 않게 되었고, 혼자 있어도 굉장히 자신감 있고, 혼자 있는 시간을 즐길 수 있게 되었어요. 그렇게 된다면 나에게 어떤 일이 가능해질까요? 이 종이에, 가능해져서 하고 싶은 일들을 적어 보세요.

치료자_ 혼자 있는 시간을 외로워하지 않았다면 당신의 삶은 그렇게 바뀌었겠군요. 그동안 이것들을 못 하게 했던 것이 바로 외로움이었군요. 지금까지 이 외로움 때문에 이렇게 하고 싶었던 일들을 못 하며 살아온 '나'를 한번 보세요.

치료자_ 이 기적이 일어나기 전, 외로운 그 아이에게 이제 말을 한번 걸어보세요. 그 아이와 단둘이 있는 것을 왜 그렇게 불편해하고, 싫어했을까요? 마치 구석에서 눈치만 보고 있는 '나'에게 조용히 다가가 손을 내밀어 보세요. 그리고 미안함, 용서를 건네보세요. 안아 줘도 돼요.

치료자_ 외롭지 않게 되었을 때 할 수 있는 것들을 작성한 리스트 중 가장 쉽게 할 수 있는 것은 무엇이지요? 그것부터 하나씩 실천할 수 있도록 구체적인 계획을 세워 보세요. 그동안 하고 싶었지만 못했던 일을 이제 시작해 보려 할 때, 또 방해꾼 외로움이 문뜩 앞에 서 있다면, 어떻게 대처할 것인가도 함께요.

눈물의 종류 4
희망이 안 보여요

미래에 좋은 일이 있을 것 같지 않고, 미래가 암울하고, 아무런 해결책도 없어 보이고, 희망도 없다고 느껴져서 우는 우울한 눈물이 있다. 이러한 감정은 우울증의 뿌리가 된다.

20세의 K 군은 군 제대 후, 복학하여 공무원시험을 준비하였지만, 성적이 더 떨어지자 점점 더 초조해 졌다. 그는 '부모님이 실망할 거야. 아마 난 취직도 못 하게 되고, 인생의 낙오자가 될 거야. 나는 무가치해. 내가 돌아갈 곳은 아무 데도 없어. 난 세상을 헤쳐나갈 수가 없어. 나는 실패자야. 내가 죽는 편이 가족에게 더 나아'라는 생각에 사로잡혀 있었다.

부정적인 사고가 습관화된 사람들에게 흔히 볼 수 있는 일이다. 그들은 문제의 크기나, 그 해결 불가능함을 지나치게 크게 평가하는 경향이 있다. 그래서 작은 문제도 크게 지각하고, 큰 문제에 압도된다. 더 나아가 이들은 문제해결을 할 수 있는 자신의 능력이나 자원을 놀랄 정도로 믿지 못한다. 그리고 마침내는 미래에 파멸적인 결과가 일어나리라고 기대한다.

이들의 또 다른 특징은 '내 모든 문제는 내가 죽기만 하면 끝날 것이다'라고 극단적으로 생각한다는 것이다. 이들은 미래의 불확실성에 대한 인내심이 부족하고 막연한 대안들은 고려의 대상에 포함시키지 않는다. 즉각적이고 명료한 해결책을 생각할 수 없으면, 상황에 압도되어 파멸적 생각이 촉발되고, 뒤이어 '죽음이 유일한 해결'이라는 생각이 활성화된다.

죽음에 대한 욕망은 환상의 경지에까지 이르러, 일종의 '구원'으로 생각하기도 한다. 보통 일반 사람들은 고통스러운 문제에 대한 해결책이 없을 때 좌절하게 되지만, 불확실성에 대해 어느 정도의 인내심을 가지고 있다. '아마도 이렇게 하면 가능할 거야. 그렇게 안 될 수도 있지만, 그래도 해봐야지" 하는 식이다. 그리고 불확실한 상황을 견디면서 여러 가지 대책을 시도한다.

인지치료 심리학자 벡(Beck)은 우울증을 미래에 대한 비관적 생각이 만든 증상으로 간주하였다. 우울증의 특징은 나에 대해, 미래에 대해, 세상에 대해 희망도, 답도 없다고 여긴다는 것이다. 즉, '나는 무능해. 낙오자야. 나의 미래는 좋은 일이 없을 거야. 희망의 빛이 없어. 나는 사랑받지 못할 거야. 사람들은 나를 비웃을 거야. 모두 나한테 친절하지 않아. 세상은 너무 위험해. 사람을 믿을 수 없어. 작은 실수도 용납하지 않고 나를 공격할 거야'라는 부정적 생각을 습관적으로 한다. 그들은 심리치료 중에도 끊임없이 의심하고, 부정적이다.

"제가 현실을 왜곡해서가 아니라, 사정이 정말 나빠서 우울한 거예요."

"누구라도 그런 상황에 처하면 다 우울할걸요. 어쩔 수 없는 일인 거죠."

"내 생각이 부정적이라는 것을 알고는 있지만, 그렇다고 내 성격을 바꿀 수는 없을 거예요."

"선생님의 말이 머리로는 이해가 가지만, 믿어지지는 않아요."

"만약 내가 부정적인 생각으로 인해 불행하다면, 부정적인 사실을 긍정적인 생각으로 왜곡하란 말인가요?"

그들이 왜 자신이 변할 수 없다고 믿는지를 질문한다면, 그들은 또다시 여러 부정적 이유를 댈 것이다.

"변화하기에는 내가 너무 멍청해요."

"변화하기에는 시간이 너무 오래 걸릴 것 같아요."

"어떠한 변화든 만족할만한 해결은 없을 것 같아요."

"변화하기에는 내가 너무 나이가 많아요."

인지 치료자 벡(Beck)은 우울한 사람의 감정과 행동이 생각으로부터 출발한다고 말한다. 똑같은 사건도 사람들은 각자의 생각에 따라 각기 다른 행동을 한다. 어떤 사람은 그 사건을 부정적으로 왜곡하고, 반복해서 곱씹고, 끝도 없이 부풀려 스스로 압도당하는가 하면, 긍정적인 생각을 활성화시켜 그 눈물을 에너지로 사용하는 사람들이 있다.

같은 것을 경험하더라도 대처하는 과정에서 긍정적 사고를 하느냐 부정적 사고를 하느냐에 따라 회복력에 차이를 보인다는 연구결과들이 있다. 스트레스를 연구하던 스미스(Smyth)는 스트레스 호르몬의 수치가 긍정적인 생각에서는 낮고, 부정적 생각에서는 높다는 것을 발견하였다.

인간은 눈물을 파괴의 도구로도, 치료의 도구로도 활용할 수 있는 존재이다. 어떻게 이것이 가능할까? 바로 생각 때문이라고 한다. 인간은 '생각' 만으로 눈물의 종류를 바꿀 수 있는 존재이다. 예를 들어, 좌절감의 눈물을, 생각 하나로 감사의 눈물로 바꿀 수 있다. 즉, 생각이 어느 길에 서 있느냐에 따라, 우리 삶은 위험해질 수도, 기쁨으로 충만해질 수도 있다.

문제 상황은 변함이 없지만, 생각은 제한 없이 돌아다닐 수 있다. 생각이 어떻게 상황을 해석했느냐에 따라, 상황이 변하지 않았는데도 희망으로 보기도 하고, 절망으로 보기도 한다. 즉, 생각이 자리를 잘못 잡을 때 우리는 큰 위험에 빠질 수 있다.

따라서 삶을 비관적으로 해석하는 우울한 사람들은 생각이 앉아 있는 자리를 살펴야 한다. 그들은 일단 부정적 생각이 활성화될 때, 긴장을 더 긴장으로, 우울을 더 우울로, 분노를 더 분노로, 겉잡을 수없이 더 악화시킬 수 있다. 그들은 "저는 상황 때문에 우울해요"라고 하지만, 실제로 그 상황이 아니라 그 생각 때문에 우울한 것이다. 즉, 상황에 압도되는 것이 아니라, 생각에 압도되는 것이다.

광수 씨는 한 달 전 버스로 출근을 하던 중에 교통사고가 났다. 오른쪽 다리가 부러져 깁스를 해야 했다. 그는 너무 우울했다 '나는 왜 이리도 재수가 없을까? 하필 왜 내가 탄 버스가 사고가 나서 이런 고생을 해야 하는 걸까?'라는 생각이 들어서 눈물이 났다. 그는 버스만 봐도 무섭고 그날 일이 생각나 도망친다.

수진 씨도 같은 버스를 타고 있었다. 그녀는 부상이 더 심해서 다리뿐 아니라 팔까지 깁스를 했다. 그녀는 사고 이후 그 전에 알지 못했던 감사로 눈물을 흘렸다. 살아 있는 모든 것이 새롭기만 하다. '세상에 나처럼 운 좋은 사람은 없을 거야. 이 큰 사고에서 다리 하나, 팔 하나만 부러졌을 뿐이야'라는 생각에 "하나님, 감사합니다. 이렇게 죽을뻔한 일을 겪고 보니 전에 몰랐는데 삶이 너무 소중하고 모든 게 새롭고 아름다워 보여요"라고 기도한다.

광수 씨와 수진 씨는 똑같이 눈물을 흘리고 있지만, 사실 다른 눈물을 흘리는 것이다. 파괴적 눈물과 치료적 눈물이다. 이렇게 다른 원인은 바로 '생각' 때문이다. 인지 치료자 벡(Beck)은 "우울은 우리의 생각이 만든다"라고 주장한다. 광수 씨와 수진 씨는 동일한 사건을 경험했지만, 광수 씨는 우울해서 울고, 수진 씨는 감사해서 운다. 만약 교통사고 사건이 우울증을 만드는 것이라면 두 사람 모두 우울증에 걸려야 한다.

우리는 보통 시험에 떨어져서, 헤어져서, 잃어버려서 우울하다고 눈물을 흘린다. 그러나 시험에 떨어진 사람, 헤어진 사람들이 모두 우울증에 걸리지는 않는다. 그 사건을 부정적으로 해석한 사람만 우울증에 걸린다. 반대로 그 사건을 긍정적으로 해석한다면 오히려 건강을 되찾을 수 있게 한다.

우울한 사람들은“어떻게 그런 일을 긍정적으로 생각해요? 가능하지 않아요”라고 말하는 경우가 흔하다. 그동안 긍정적으로 생각하는 연습이 부재했음을 인지해야 한다.

상황은 내가 원하는 대로 변하지 않기 때문에, 그곳에서 답을 찾기는 어렵다. 다행히 고등동물인 인간은 생각의 확장이 가능하고 유연하다. 지금보다 더 지혜롭고, 더 똑똑한 생각을 생산하고, 바꿀 수 있는 능력이 장착되어 태어난다.

우리는 간혹, 다른 생각들을 받아들이지 못하거나, 더 넓고 깊은 지혜를 두루두루 고려하지 않고 단편적인 사실로만 결론을 내릴 때 “생각이 짧다”라는 말을 한다. 즉, 아직 더 진행되어야 할 생각이 가다가 멈춘 것이다.

때때로 정의와 공의를 위해 지켜내야 할 생각들이 있는가 하면, 많은 경우, 자신의 제한된 경험과 단편적인 사고에 근거한 학습된 사고들을 고집함으로써 자신과 타인의 삶의 기능이 역기능적일 때가 빈번하다. 더 깊이 생각해 보아야 할 신념들이다.

이렇게 생각을 바꾸지 못하는 경직성은 심리적 유연성과 반대되는 개념이다. 심리적 유연성이 낮을수록 하나의 생각을 고집하게 되고, 그 외 달리 선택할 방법을 찾지 못하게 되어 위험해지기 쉽다. 위기상황에서, 그의 생각의 방을 더 넓게 확장시켜 줄 누군가의 지혜로운 생각이 들어와 그의 생각이 움직일 때 덜 위험해질 수 있다.

라자루스(Lazarus) 등은 이 유연성을, 부정적 사건이나 감정을 긍정적 요소로 재구성하는 능력이라고 하였다. 제이슨(Janson) 등은 뇌 영상 실험을 통해, 스트레스가 유발되었을 때 생각을 다시 평가 함으로써 유연하게 대응하는 사람이 감정조절 능력이 뛰어나고, 고차원적 사고력을 담당하는 전전두피질이 더 활성화되어 인지기능도 잘 발휘한다는 걸 발견하였다. 생각을 변화시키지 않고 고수하는 경직성은 삶의 질을 떨어뜨린다.

광수 씨의 우울증은 생각이 내린 해석 때문에 생겨난 것이다. 그는 삶의 자세를 바꿔보려는 강한 결단이 필요하다. 가벼운 결단은 곧 원래의 기저선으로 되돌아가게 만들 것이다. 부정적인 생각을 긍정적인 생각으로 바꾸는 연습은 눈물치료가 병행될 때 강력해진다.

지금까지 나를 슬프게 했던 것들을 노트에 써 보고, 그 일들로 인해 얻을 수 있었던 긍정적인 것들을 생각하면 또 다른 종류의 눈물을 흘릴 수 있다. 또 나를 괴롭혔던 목록들을 부정적 생각과 반대되는 내용으로 진술문을 적고 큰소리로 강력하게 외치는 눈물치료는 '이제 새롭게 시작할 거야. 이 우울 속에 계속 주저앉아 있지 않을 거야'라고 하는, 새로운 삶을 살게 해주는 강한 의지를 촉진시킨다.

치료자_ 지금까지 나를 우울하게 만드는 것이라고 여겼던 것들을 작성해 보세요. 예를 들어

1. 시험에 떨어졌어요.
2. 전 게으르고 한심해요.
3. 성격이 내성적이라 사람들과 쉽게 어울리지 못해요.
4. 남자(여자) 친구와 헤어졌어요.
5. 나를 사랑해 주는 사람이 없는 것 같아요.
6. 사랑하는 사람이 죽었어요.

치료자_ 기술한 각 항목을 그것으로 인해 얻을 수 있는 긍정적인 것들을 생각해 적어보세요. 생각을 더 지혜롭게 더 긍정적으로 바꿈으로써, 부정적으로만 여겼던 것들이 오히려 감사, 삶에 대한 이해와 조망, 반성과 성숙 등 긍정적이고 풍요로운 에너지가 숨어있는지 찾아보세요.

예시

1. 시험에 떨어졌어요

시험에 떨어진 건 서운한 일이지만, 좌절감이 무엇인지 배웠던 것 같아요. 시험에 떨어진 사람에 대해 편협한 생각을 하지 않는 사람이 되었어요. 생각이 깊고, 좀 멋있어 졌어요. 다른 꿈을 꿀 기회가 여전히 있어요.

2. 난 너무 게으르고 한심해요

난 참 빡빡하지 않게 여유로운 시간을 가졌던 것 같아요. 남들보다 한가하게 살았는데 밥은 먹고 살았으니, 감사하지요.

3. 성격이 내성적이라 사람들과 쉽게 어울리지 못해요

난 참 사람들에게 신중하고 조심스러운 사람이에요. 남들에게 피해 주지 않으려고 신경 쓰는 사람이었어요. 사람들을 함부로 대하지 않는 이런 나의 모습이 나쁘지 않아요.

4. 남자(여자)친구와 헤어졌어요

또 다른 만남의 가능성이 열렸어요. 이 아픔이 이후의 만남을 더 성숙하게 만드는 밑거름이 될 거예요. 감사한 일이에요.

5. 사랑하는 사람이 죽었어요

그동안 나에게 너무 감사한 천사였어요. 하늘에서도 내가 씩씩하게 살길 바랄 거에요. 그는 나를 사랑하니까, 내가 행복하기를 바랄 거에요. 그동안 나의 좋은 친구가 되어줘서 너무 감사해요.

치료자 _ 부정적인 생각의 반대되는 내용으로 진술문을 구성해 보세요. 예를 들어, 나는 시험에 떨어졌을 뿐, 나 자신이 실패자가 되는 것은 절대 아니야!

치료자 _ 생각으로 인해 나의 어떤 삶들이 방해를 받았나요? 그 진술문을 큰소리로 강력하게 외쳐보세요. 깊은 외침이 아니면, 이미 습관이 된 생각들이 잘 움직이려 하지 않을 거예요.

내담자 _ 나는 시험에 떨어졌을 뿐, 나 자신이 실패자가 되는 것은 절대로 절대로 아니야! 내가 실패하더라도, 그것을 실패한 것이지, 나 자신이 실패자가 되는 것은 절대 아니야!

눈물의 종류 5

내가 왜 이러는지 모르겠어요

'도대체 내가 왜 이러는지?' 그 이유를 알 수 없는 눈물도 있다. 종종 "내가 왜 이러는지 모르겠어요. 남편은 직장 잘 다니고, 아이들은 잘 크고, 나도 크게 어려움이 있는 것도 아닌데, 왜 이렇게 우울한지, 왜 이렇게 불안한지 모르겠어요"라고 하는 사람들이 있다.

"내가 왜 빈둥거리는 자녀들만 보면 나도 모르게 화가 나서 소리를 지르는 건지, 내가 왜 무시하는 말투로 느껴지면 분노하고 폭력을 행사하는 것인지, 내가 왜 엄마만 보면 화가 나는지, 도대체 모르겠어요"라고 한다. 보통은 내가 왜 이렇게 행동하는지, 과거든, 현재든 그 이유를 말할 수 있다. 직장을 잃어서, 과거의 상처가 있어서, 소중한 사람을 잃어서...

그러나 이유 없이 불안하고, 우울해서 견딜 수 없는 눈물이 있다. 이렇게 이유를 알 수 없는 눈물은, 정신분석에서는 무의식 속에 있는 아동기 때 좌절 경험과 관련이 있다고 말한다. 아동기 때 평화로운 어느 날 갑작스러운 부모님의 죽음, 떠남, 비난받은 경험, 놀랐던 경험, 무시당한 경험, 모욕감의 경험 등이 이제 기억도 안 나는 것들일 뿐이라고 여겼는데, 무의식에서는 그와 유사한 환경, 사람, 분위기 등이 제공될 때 반사적으로 나도 모르게 당시에 경험했던 느낌이 튀어나온다는 것이다.

정신분석 학자들은 이런 종류의 문제를 해결하기 위해, 기억나지 않는 무의식을 의식화하는 작업이 필요하다고 말한다. 무의식에서 활동하는 것들은 알 수 없기 때문에 우리가 통제하기가 어렵다. 그저 왜 그런지 모르고 당할 뿐이다. 그러나 그것이 드러난다면 우리가 관리할 방법을 찾을 수 있다.

근심이 가득해 보이는 50대 철수 씨를 상담실에서 만났다. 그는 길게 자신의 이야기를 들려주었다.

"지금 저는 조그만 사업체를 운영하면서 그런대로 여유가 있어요. 결혼도 하고 아이들도 있고요. 그런데 저는 내가 왜 이러는지 이해할 수 없는 문제가 있어요. 누가 나를 무시하는 듯한 말을 하면 참지 못해요. 며칠 전에도 직원이 나에게 '사장

님, 괜히 왔다갔다해서 저희 일 방해하지 마시고 그냥 집에 가서 쉬세요'라고 하자, 순간적으로 욱하고 올라오는 거예요. 다행히 그때는 참았어요. 그 직원이 농담으로 한 말이라는 것을 알면서도 화가 나서 아무 일도 할 수가 없었어요. 도저히 견딜 수가 없고 잠도 오지 않아서 술을 마셨어요.

아침에 일어났는데 애들 엄마가 심리상담을 받으러 가자고 하더라고요. 어렴풋한 기억으로, 술에 취해 개 줄을 가지고 그 직원이 야근하는 사무실에 찾아갔어요. 개 줄로 그 직원 목에 걸고 공장 여기저기를 끌고 다녔어요. 있을 수 없는 일이죠. 어떻게 그런 일이 일어났는지 너무 괴로워요. 바로 그런 느낌이었어요. 마치 어릴 때 동창들이 저를 쇠줄을 목에 걸고 개처럼 끌고 다니며 웃는 느낌..."

철수 씨는 얼른 화장지로 얼굴을 감싸고 한참 말을 잊지 못했다.

"어릴 때 너무 가난했어요. 도시락 한번 싸가 본 적이 없었으니까요. 애들이 도시락 먹을 때 밖에 나와서 물을 마셨어요. 도시락을 다 먹은 애들이 놀려고 밖으로 나올 때까지 혼자 교실 밖을 어슬렁거렸어요. 애들이 고등학교에 들어갈 때 저는 가지 못했어요. 친구들이 교복을 입고 다니는 모습을 멀리 숨어서 봤어요. 참, 서럽고... 사내자식이 시시하게 운다고 할까봐 이불을 뒤집어쓰고 울었어요. 실컷 울고 나면 마음이 좀 진정되곤 했어요. 어느 날 중학교 동창 모임을 한다는 거예요.

그래서 옷을 깨끗하게 입고 설레는 마음으로 모임 장소로 갔어요. 저 빼고는 모두 고등학교 교복을 입고 있었어요. 그런데 한 놈이 '너는 학교도 안 다니는 놈이 왜 왔냐?'라고 하며 웃는 거예요. 너무 자존심이 상해서 문을 박차고 집으로 뛰어오는데 눈물이 주룩주룩 흘렀어요.

울면서 그랬죠, '반드시 나한테 웃던 놈들에게 보여줄 거다. 보란 듯이 잘돼서 코를 납작하게 만들거다.' 며칠을 앓았어요. 몸이 너무 아파서 일어나질 못했어요. 그때 많이 울었어요. 맞아요. 그 기억이 지금 나의 문제를 만들었나 봐요. 나는 다 잊었다고 생각했는데... 깊은 무의식에 그것이 남아서 그런지, 사람들의 표정이 무시하는 것 같으면 분노가 일어나요. 그게 좀 심해요."

무의식의 기억은 다시 그 기억을 의식화하는 작업이 필요하다. 즉, 어린 시절 상처로 울고 있는 작은 아이였던 '나'를 만나는 작업이다.

정신분석학에서 눈물은 긴장과 억압된 감정을 표출하는 심리적 정화과정으로 본다. 눈물을 통해 그동안 불안감을 막아

내기 위해 사용하였던 다양한 방어들을 포기하고 해방감을 경험하게 된다. 따라서 무의식의 바닥에서 울고 있는 상처받은 아이의 억눌러왔던 감정을 눈물로 토해낼 수 있는 분위기와 장소가 제공되어야 한다.

철수 씨가 어린 시절 무시당했을 때 느꼈던 분노가 시간이 지났기 때문에 없어진 것이 아니라, 성인이 되어서도 무시당하는 비슷한 상황을 마주하게 되면 자기도 모르게 어린 시절의 분노를 똑같이 느끼는 것이다. 이 무의식적 영향을 벗어나기 위해서 그는 과거 어린 시절 상처받았던 그 시간과 장소로 다시돌아가 그 아이를 만나는 눈물이 필요하다.

'상처받은 아이 만나기'는 과거 어린 시절 상처받은 나를 만나서, 지금의 나를 이해하는 것이다. 눈물로 만나게 될 때, 지금까지 꿈쩍도 하지 않았던 마음은 드디어 상처를 받아들이려는 마음으로 바꿔놓기 때문이다.

치료자_ 잠시 어린 시절로 다시 돌아가 보겠습니다. 이 문을 열면, 어린 시절로 들어갈 수 있습니다. 이제 문을 열고 들어가 보겠습니다. 그곳에 있는 아이에게 가까이 다가가 보세요. 그 아이에게 방금 전 어떤 일이 있었나요?

내담자_ 중학교 동창 모임이에요. 나 그리고 또 한 명의 친구를 제외하고 모두 고등학교에 다니는 아이들이 30여 명쯤 모여 있어요. 저는 그 옆을 지나가고 있는데, 그 아이들 중 하나가 "너는 학교도 안 다니는 애가 왜 왔냐?"라고 하는 말이 들려요. 그 말을 들은 주변 아이들이 저를 보고 웃고 있어요.

치료자_ 그 아이는 그때 어떤 감정이 느껴졌다고 하나요?

내담자_ 수치심이요.

치료자_ 그것이 현재 그 아이의 삶에 어떤 영향을 미치고 있나요?

내담자_ 나는 성공하기 위해 자신을 너무 혹사하며 완벽해지려고 노력해요.
항상 긴장되어 있어요. '아무도 나를 밟지 못하게 할 거야. 아무도 나를 함부로 하지 못하게 할 거야'라는 생각으로 밤낮없이 일하고, 쉬지 않고, 여유 없는 삶을 살았어요. 사람들이 저를 '독종, 칼'이라고 해요. 회사 다닐 때 한 번도 지각도, 결석도 한 적 없어요.

치료자_ 그 부분이 과거 어린 시절 나의 상처와 관련이 있을까요?

내담자_ 누군가 나를 조금이라도 무시하는 것 같으면 나도 모르게 이성을 잃어요. 무시나 비난받는 것을 너무 두려워해요. 그래서 정말 거의 들어본 적 없었어요. 그런 말을 듣지 않기 위해서 지나치게 노력하는 것 같아요.

치료자_ 지금 나를 보고 웃는 그 과거 속 아이들은 무엇이 옳고 그른지 잘 알고 있는 사람들인가요? 보통 사람들은 그들의 말을 중요하게 여기나요?

내담자_ 아니요. 그냥 16살 아이들이에요.

치료자_ 그때 그 아이들에게 말을 걸어보세요. 그 아이가 무엇이라고 말하는 것 같아요?

내담자_ '미안하다'라고요. 자기도 어렸다고...

치료자_ 끝으로 그 아이들에게 말해주고 싶은 것이 있다면 하세요.

내담자_ 너희 말에 난 깊은 수치심을 느끼고 상처를 받았어. 난 가난해서 너희처럼 학교에 갈 수 없었지. 그때는 그게 그렇게 창피했어. 그때 나도, 너희도 어렸으니까... 지금은 더 이상 당연히 창피하지 않아. 너희의 그 말은 나를 열심히 살게 하는 원동력이 됐어. 어찌보면 고마운 거지. 너희도 이제 다 컸겠구나.

치료자_ 그 상처받은 작은 아이는 위로가 필요하겠군요. 상처 주었던 아이들도 보내주고요.

눈물의 종류 6

아무도 나를 이해하지 않아요

존중받고 이해받지 못해서 흘리는 눈물이 있다. 일어서고 싶지만, 내면의 힘이 없어서 못 일어나는 눈물이다. 우린 가끔 기운이 빠져 주저앉아 있다가도, 누군가 "힘내! 넌 특별하니깐 잘할 수 있어!"라고 말해주면, 다시 힘이 났던 적이 있다.

어린아이일수록, 그에 대한 주변의 피드백은 곧 그가 된다. 여러 다른 오해나 참고사항들을 묻지도, 따져지지 않은 채, "착한 애야", "게으른 애야", "말을 안 듣는 애야", "똑 부러진 애야"라고 평가하면 아이는 그 평가대로 된다. 누군가 던지는 나에 대한 정보는, 나에 대한 가치를 결정하는 매우 중요한 지침이 된다. 그 정보에 의해, 자신을 가치 있는 존재로, 가치 없는 존재로 받아들이게 된다. 자신에 대한 가치를 의심하고 있을 때 주변의 피드백은 더욱 중요해진다.

자신의 가치를 무시하는 환경에서, 사람들은 여러 모양으로 화를 내게 된다. 무시 받으면서 자신감이 없어진 사람들은 힘들다고 울기보다는 화를 내거나 공격하는 방식을 선택하기도 한다. 성장한 청소년들은 방황하거나, 무기력한 삶을 선택하기도 한다.

깊은 공감과 이해가 이런 종류의 눈물을 흘리는 사람들을 구할 수 있다. 아무도 자신을 이해하지 않아서 힘을 내기 어렵다고 생각하는 그들의 마음속은 '나는 구원 받고 싶다. 누군가 나를 진정으로 이해해 주기만 한다면, 괜찮다고 말해주기만 하면, 너 자체로 그대로 너무 멋지다고 말해준다면, 나는 다시 힘을 낼 수 있을 것 같은데... 이 혼란과 무기력 속에서 빠져나올 수 있을 것 같은데...'라는 생각으로 가득하다.

인간중심 치료자 로저스는 "인간은 이미 스스로 성장을 위한 모든 잠재력을 지니고 있는 존재이다"라고 하였다. 성장을 못 하고 있는 누군가에게 그가 힘을 낼 수 있는 환경만 만들어 주면 된다고 말한다. 어떤 환경이 필요한 걸까? 그는 마치 콩과 농부와의 관계와 같다고 말한다. 농부는 콩이 싹을 틔우고

열매를 맺는데 필요한 환경만 제공하면 된다. 이미 콩의 씨앗 안에 콩 나무로 성장할 잠재력이 들어있기 때문에, 그저 햇빛과 물이 필요할 뿐이다.

오히려 성장과정에서 불필요한 조작이나 지나침은 콩을 위험하게 만들 수 있다. 본래 콩은 틈만 나면 싹을 틔워 콩으로 자라고 싶어 한다. 그러나 척박한 환경에서는 결국 싹을 틔우지 못한다.

인간도 콩과 같다. 본래 틈만 나면, 자신을 성장시키고 싶어 하는 경향을 지니고 있다. 그러나 콩처럼 척박한 환경에서 그 가능성이 발현되기 어렵다. 콩이 싹 트는 데 햇빛과 물이 필요한 조건이듯, 인간에게도 그를 있는 그대로 한 명의 소중한 사람으로 존중하고 받아들이는 환경 조건이 필요하다.

인간은 자신만의 타고난 성격특성도, 재능도, 경험도, 원하는 것들도 있다. 조건만 갖춰지면, 앞에 놓인 장애물들을 스스로 해결하면서 자신의 가능성을 펼쳐 보일 준비가 되어 있다. 가능성을 있는 그대로 받아들여지지 않는 환경은 마치 콩에게 햇빛이 없는 것과 같다.

부모는 자녀가 자신의 가치와 부합할 때만 존중하고, 그렇지 않은 것들은 무시하거나 비난하기도 한다. 자신의 실현 가능성이 차단된 사람들은 햇빛을 못 받아 시들어간다. 반항하고, 화를 잘 내고, 무기력한 사람이 되어 간다.

존중받고, 수용 받는 환경은 자신을 소중히 여기고, 스스로 가능성을 믿게 되는 좋은 토양이 되는 것이다. 그래서 물과 햇빛만 있으면 되는 이런 종류의 고통을 가진 누군가에게, 마치 내가 그가 된 것처럼 그 심정으로 느껴주는 마음이 필요하다. 설명도, 설득도, 교훈도 멈추고, 그가 느꼈던 그것을 그대로 공감해주는 마음이 필요하다.

로저스는 그저 그의 생각과 감정, 행동에 대하여 어떤 판단이나 평가도 내리지 않는, 아무 조건 없이 존중하는 태도만 필요하다고 말한다. 이미 그는 싹을 틔울 수 있는 콩이기 때문에 햇빛과 물 외에 필요하지 않다. 그를 격려하기 위해 무조건 칭찬하거나 편들어주거나, 친밀감을 표현하는 것이 필요한 것이 아니다. 그의 괴로움, 적개심, 혼란스러움을 있는 그대로 함께 느껴주는 것이 필요하다.

마치, 그들이 바람직한 생각이나 행동을 했을 때와 똑같이 그의 모든 것에 가치 있는 존재로 받아들이는 존중이 중요하다. 사실이 아닐지도 모른다는 의심을 내려놓고, 순수하게 받아들이는 태도가 필요하다. 그것은 그가 자신을 들여다볼 마음을 갖게 하고, 잘못된 생각을 스스로 바로잡도록 도와준다.

학교에서 친구와 싸우고 집에 돌아온 아이가 싸웠던 상대 친구를 비난하거나 화를 내며 진정 못 하고 있을 때 그를 안아 주며 "그 애가 그렇게 해서 화가 났구나. 그 녀석 너의 마음도 모르고... 아이고, 얼마나 속상했을까"라고 하면, 바로 진정되고, "나도 잘못 한 게 있어요"라고 인정하는 경우가 있다. 마음이 진정될 때 나를 돌아볼 여유가 생기기 때문이다. 내용의 자초지종을 따지기보다, 화난 감정, 속상한 감정을 공감해주기만 하면, 잘못된 점은 스스로 교정하게 된다.

인간은 누구나 자신만의 세계에 갇힌 외로운 존재다. 누군가가 자신의 마음을 깊이 이해해 주는 것은 커다란 위안이자 감동이다. 그 사람과 유대감을 느끼며 믿을 만한 동지를 얻은 부자가 된다. 이러한 유대는 자신의 내면세계를 더 깊게 보고, 현실적인 문제를 해결할 의욕과 활기를 얻게 한다.

그저 동조하거나, 측은하게 여기거나, 동정하는 것이 필요하지 않다. 냉정한 거리를 유지한 채 그의 내면세계에 대한 정보만을 수집하는 것도 아니다. 그의 감정을 자신의 감정인 것처럼 느끼는 것이다. 마치 내가 그인 것처럼, 그의 경험세계로 들어가, 함께 교감하며 동행하는 동반자가 되려는 노력이 필요한 것이다.

이런 종류의 눈물은 단조로운 조언이 아닌, 깊은 공감이 중요한 치료 전략이다. 오프라 윈프리 쇼를 보았을 것이다. 그녀는 사람들의 이야기를 잘 들어 준다. 상대의 이야기를 온몸과 마음으로 듣는 것 같다. 그에게 얼굴을 바짝 갖다 대고, 그의 눈에 눈을 떼지 않고, 고개를 힘있게 끄떡이며, 같이 울며, "오 마이 갓"이라고 외친다. 마치 상대의 마음속에 들어가기라도 할 것처럼 혼신을 다해 들어준다.

그녀는 쇼에 출연한 사람들에게 답을 주지 않는다. 그러나 그녀의 공감을 받은 사람들은 마치 "이제 됐어요"라고 하며 떠나는 모습을 본다. 스스로가 답을 찾을 수 있도록 존중하며 믿어주고, 깊은 이해와 사랑으로 힘차게 들어줬을 뿐인데, 그녀의 쇼는 늘 놀라운 일들이 벌어진다.

"그때 이해받지 못해서 얼마나 힘들었을까... 너는 너 자체로 너무 아름답고 멋있어. 있는 그대로 너무 소중하고 아름다워. 그 사실을 말해주는 사람이 없었다니... 그동안 전혀 다른 말을 들어 왔구나! 아... 그는 너에 대해 잘 모르고 있는 것 같아. 넌 그럴 때만 훌륭한 것이 아니야. 그렇지 않을 때도 훌륭해. 너 자체로 말이야" 라고 그녀는 항상 힘있게 공감해준다.

심리학자들은 깊은 공감을 경험한 사람들이 그렇지 않은 사람들에 비해 매우 긍정적인 변화들이 일어난다고 말한다. 그들은 자기와 세상을 보는 관점에서 변화가 일어나고, 자신의 취약점을 인식하게 되고, 강점을 개발하려고 한다. 대인 관계가 변하고, 새로운 가능성과 감사가 증가한다. 여전히 문제가 해결되지 않았음에도 '이제 하면 되지'라는 자신감을 얻는다.

고등학교 2학년인 민수는 학교를 제시간에 가지 않고, 자정이 돼서야 집에 들어온다. 엄마는 민수에게 불만이 많다. "이제 공부는 포기했고, 학교나 끝까지 마쳤으면 좋겠어요"라고 하셨다. 민수는 "항상 저를 한심한 눈으로 보는 엄마가 싫어요"라고 하였다.

"엄마는 항상 똑같은 말을 해요. '그렇게 살다가 대체 뭐가 되려고 그러니? 네가 지금 그런 거 할 때니?' 초등학교 때는, 엄마 때문에 많이 울고, 주눅 들고, 짜증 내고 그러다가 지금은 그냥 서로 피해요. 공부 외에는 뭐를 해도, 늘 거부만 당하는 것 같았어요. 어릴 때 엄마를 기쁘게 하려고 어버이날 밤새 꽃을 직접 만들어서 아침에 달아드렸어요. 그런데 한심한 눈으로 '네가 지금 이런 거나 할 때니?'라고 하더라고요. 제가 달리기를 좀 해요. 초등학교 전체 학년 중에 제가 2등을 했던 적이 있어요. 그때도 엄마한테 알려드리고 싶어서 집에 서둘러 왔어요. '엄마, 나 달리기 6학년 전체에서 2등 했어요'라고 하자, '참나, 너는 지금 그런 거 할 때가 아니야. 공부나 해'라고 했어요. 중학교 때 발명품을 만드는 대회에서 제가 장려상을 탔어요. 이때도 저는 맨 먼저 엄마한테 그 발명품을 가지고 갔어요. 하지만, 엄마는 또 '그런 것 지저분하게 늘어놓지 말고, 이제 다 갖다 버리고, 공부나 해'라고 하더라고요. 항상 그런 식이었어요. 저는 공부를 잘 못 하는데, 공부 외에 그 어떤 것으로도 인정받을 수가 없어요. 공부만 잘하라는데, 절대 하고 싶지 않아요. 엄마가 원하는 거면 뭐든 하고 싶지 않아요. 집에 있으면 가슴이 답답해서, 친구와 늦게까지 있다가 12시쯤 집에 들어가요. 초등학교 때 친구 집에 갔는데, 가족들이 함께 식탁에 모여 밥을 먹으면서 이야기하면서 웃고 그러더라고요. 그게 너무 부러웠어요. 나도 이런 집에서 태어 났으면... 우리 집도 이러면 얼마나 좋을까... 그날 아무도 없는 집에 들어와서 한참 울었어요. 엄마는 병원을 운영하고, 아빠는 사업을 해요. 어릴 때부터 지금까지, 거의 혼자 있는 시간이 많았어요. 물론 일하는 아주머니, 선생님들이 있었지만... 부모님은 맨날 공부, 목표, 이런 말만 하고 나를 이해하지 못했어요. 절대 그렇게 살고 싶지 않아요."

"그러면 어떻게 살고 싶은데?"라고 하자, "선생님이 되고 싶어요. 체육 선생님이요. 애들한테 따뜻하게 대해주고, 같이 공차고, 놀아 주고…"라고 하며 민수는 흘리던 눈물을 훔치며 진정하려고 애썼다.

일주일 후 어머니가 찾아오셨다.

"애가 완전히 달라졌어요. 학교도, 학원도 잘 다녀요. 어제는 학원에서 아이가 안 왔다고 연락이 와서, 또 옛날로 돌아갔나 걱정하면서 철수한테 전화를 했는데, 너무 일찍 나와서 학원 버스를 기다리다가 가방을 멘 채로 의자에서 잠이 들었다고 하더라고요."

민수는 깊은 수용과 공감이 필요했을 뿐이었다. 잘 가르쳐만 주면 잘 배우는 아이들이 있지만, 민수처럼 마음이 움직여야 잘 배우는 아이들이 있다.

자기몰입에서 빠져나오면 자신을 마치 동물원에 있는 원숭이를 관찰하듯이 '내가 이랬구나' 하고 웃어줄 수 있는 여유가 생겨난다. 그리고 강한 눈물이 병행될 때 다시 들어가지 않고 새로운 가능성에 눈을 돌릴 수 있다. 우리는 누군가를 만나서 눈물의 깊은 공감을 선물해야 할 때가 있다.

민수의 눈물은 수용과 존중받지 못해서 일어나는 종류의 눈물이다. 참만남의 눈물이 필요하다. 지금 여기에 있는 나를 체험하는 것은 나의 내면의 욕구를 알아차리고, 이해받고 싶고, 공감받고 싶은 나를 이해하는 데 도움이 된다. 눈물이 병행될 때 높게 쌓은 철벽같은 담장은 녹아내리고, 마음은 차분해지고 멋진 나의 싹을 틔우는 데 집중하기 시작할 것이다.

치료자_ 내가 가장 이해받고 싶었던 사람이 여기 내 앞에 있는 의자에 앉아 있다고 상상해 보세요. 그 사람에게 실제 지금 여기에 있는 '나'는 무엇을 원하는지 의자에 앉아 있는 그에게 말해 보세요.

내담자_ 엄마가 앉아 있어요. 왜 저를 그렇게 못마땅히 여기세요. 저는 정말 이해받길 원했어요.

치료자_ 이제 엄마와 자리를 바꾸겠습니다. 내가 엄마의 자리에, 엄마가 내자리에 앉아 있어요. 내가 엄마가 된 거예요. 엄마가 되었나요? 그럼 엄마의 마음이 느껴지나요? 이제 엄마가 된 내가 민수를 향해 엄마의 마음을 이야기해보세요. 엄마는 민수에게 뭐라고 말씀하시나요?

내담자 _ 나는 너를 사랑해. 그래서 네가 더 편안하고 행복한 삶을 살길 바라서, 네가 하는 일이 걱정됐어.

치료자 _ 이제 나를 이해하지 못하는 엄마가 아닌, 나를 이해하는 엄마로 변했다고 상상해 보세요. 변한 엄마가 저 의자에 앉아 있는 '나'에게 어떤 말을 해주기를 바라나요? 그동안 내가 간절히 가장 원했던 말을 모두 민수에게 해주세요. 깊은 진실함으로요.

눈물의 종류 7

인생이 허무해요

삶이 허무해서 흘리는 눈물이 있다. 삶의 목적과 의미가 없다고 여겨지면 우울감과 허무감을 느끼게 된다. 정신증을 가진 많은 사람은 삶에 대한 무의미감의 문제를 갖고 있다. 정신분석가 융은 자신을 찾는 환자들 중 30% 이상이 삶에 대한 허무감과 무의미감이 원인이었다고 말한다. 고등동물인 인간은 삶의 의미와 목적을 추구하는 존재다. 그것은 삶을 유지하는 원동력이기 때문이다.

우리는 삶의 목적과 의미를 찾는 시간이 필요하다. 사람은 삶의 의미가 없다고 느낄 때, 허무감으로 인한 우울증, 무기력증, 알코올 의존, 무분별한 자극추구 등에 집중할 수 있다. 또 재물, 권력, 명예, 사회적 지위 등에 강박적으로 집착할 수도 있다. 자신의 에너지를 소진함으로써 무의미함을 회피하거나 대체할 보상물에 집착하는 경향을 보이곤 한다.

안타깝게도 대학생의 40%만이 삶의 의미와 가치문제를 생각한다는 조사결과가 있다. 우리는 곧, 집중해 왔던 모든 역할을 내려놓을 때쯤, '지금까지 무엇을 위해 싸워 왔던가? 나는 왜 그렇게 살아왔던가?'라는 질문을 하게 될 것이다. 젊었을 때 성공을 위해, 가족을 부양하기 위해 열심히 산다. 그리고 나이가 들면 모든 것을 내려놓아야 할 때가 온다.

직장에서 나오고, 자녀들이 떠난 빈집으로 다시 돌아간다. 그토록 스트레스를 받으며, 전전긍긍하며 보냈던 세월은 결국 영광의 상처 자국이 가득한 백발의 나를 도로 제자리로 되돌려 보낸다. 성공하고, 재산을 모으고, 자녀를 양육하고, 모두 잠깐의 기쁨도 주었지만, 허무함의 자리는 이제 각자가 감당해야 할 몫이 된다.

나는 어떤 의미로 존재해야 할까? 이 질문에 답이 없을 때 위태로워진다. 젊은이들은 앞에 놓인 인생의 험난한 산을 넘을 만큼 힘이 나지 않는다. 시니어들은 지금까지 이루었다고 생각했던 것들이 부질없어 보인다. 삶이 무의미할 때 허무함과 공허감의 눈물이 마음속에서 흘러내린다.

과거와 현재를 받아들이고, 미래의 죽음을 고려해야, 의미와 목적을 발견할 수 있다. 하마터면 죽을 뻔했다가 다시 살아나

거나, 정년퇴직 후 제2의 삶을 사는 사람들이 이전과 달리 삶의 의미와 가치를 더 중요시하는 모습을 보게 된다. 그동안 내가 원하는 것을 이루려는 것에 집중했다면, '이제 남은 생을 어떻게 하면 좀 더 의미 있게, 가치 있게 살아볼까?'라는 질문에 부응하려 한다. 삶의 자세가 더 똑똑해진 것이다.

65세의 김 박사는 40년 가까이 일하던 회사를 퇴직한 후, 종일 소파에서 앉아서 무기력하게 TV를 보거나 산책을 하였다. 그러다가 우울해져서는 안 되겠다 싶어, 소일거리를 찾았다. 친구와 함께 부동산을 운영하고 있다. 그러나 여전히 우울하다. 왜 살아야 하는지 이유를 찾을 수 없다. 삶을 하루 더 연장하는 것이 무슨 의미가 있는지 모르겠다는 생각을 하곤 한다. 젊었을 때 열심히 공부하고 일에 파묻혀 살았을 때는 몰랐던, 삶의 허무감이 밀려와 너무 괴롭다. 아이들도 다 떠났고, 이제 가족을 책임질 부담도 없어졌고, 더 이상 업무에 시달리지 않아도 된다. 자유롭다. 그런데 예기치 못한 것이 기다리고 있었던 것이다. 그는 눈물을 훔치기 시작했다.

"너무 우울해요. '그래, 이건 내 나이에 자연스러운 거야'라고 생각하지만, 참 견디기 힘드네요. 내가 너무 쓸모 없고 무가치한 것 같고... 지금 삶에 아무런 의미도 가치도 느낄 수가 없어요. 더 살 이유를 못 찾겠어요."

실존주의 심리학자들은 정신적으로 건강 하려면 삶의 의미가 필요하다고 말한다. 삶의 의미와 목적을 가진 사람은 인생의 고난과 위기 상황을 대하는 태도가 다르다. 삶의 의미와 목적이 분명할수록, 감사, 이해, 종교적 영성, 자기 초월적인 경향이 높고, 죽음에 대한 불안도 낮다고 한다. 그들은 삶의 역경을 피하지 않고, 책임감 있게 대한다. 삶의 의미와 가치는 삶의 만족감, 행복감, 자존감을 유지하고, 스트레스를 극복하는데 중요한 요소이다.

심리학자 리먼(Lehman)은 사고로 자녀를 잃은 부모의 64%가 수년이 지나도 상실감에 대한 의미를 찾지 못했다고 보고하였다. 즉, 의미를 찾으려는 노력이 반드시 의미발견으로 이어지지는 않는다.

우리가 누군가로부터 태어난 존재, 늙어가는 존재, 죽는 존재, 외로운 존재, 자기 인생은 자기가 책임지는 존재라는 점은 절대적으로 변할 수 없는 것들이다. 그러나 삶의 목적, 의미, 가치 등은 사람마다 각자의 선택에 달려있다. 즉, 삶의 의미와 목적은 각자 알아서 찾아야 하는 것들이다. 심리학자 에몬스(Emmons)에 의하면, 자신에게 집중했던 삶을, 다른 사람들을 돌보는 일, 사회에 이바지하는 일로 돌릴 때 사람들은 자신을 가치 있게 느낀다고 말한다.

삶의 의미를 어떻게 찾아야 할까? 심리학자 프랭클(Frankl)은 '모든 인간은 죽는데 인생의 의미가 무엇인가? 왜 사는가? 어떻게 살아야 하는가?'라는 질문을 하게 된다고 말한다. 죽음은 아무도 피할 수 없는 것이다. 죽음은 일회성으로, 반환할 수도, 다시 한번 기회를 얻을 수도 없다. 누군가에게 나 대신 또는 나와 함께 죽어 주기를 기대할 수 없고, 오직 자기 자신만이 맞이해야 할 사실이다.

시간의 제한성을 갖는다는 점이 삶에 의미를 만든다. 죽음을 염두에 두어야 비로소 진정한 삶의 의미 발견할 수 있다. 죽음은 오히려 삶을 긍정적이고 건설적인 것으로 만들 수 있다. 삶의 가장 높은 영적 가치는 죽음에 대한 의식과 준비에서 나온다. 죽음을 기점으로 단 한 번뿐인 삶을 되돌아보는 것은, 그것이 가지는 의미를 볼 수 있게 한다. 삶은 죽음을 고려할 때 책임감 있는 태도와 연결되고, 자기 자신을 넘어선 어떤 가치와 목적을 지향하는 초월적인 태도를 가지게 된다. 이러한 태도는 고난을 극복하도록 돕는다.

김 박사의 눈물은 실존적 눈물이다. 그는 죽음이라는 실존에 직면한 눈물이 필요할 수 있다. 허무감의 눈물에서 벗어나기 위한 '죽음을 직면하기'는 자기 죽음과 직면함으로써, 나에게 주어진 제한된 시간의 삶을 어떻게 살아야 하는지 생각해

볼 수 있게 한다. 그 과정에서 눈물을 흘릴 기회가 주어질 때 혼란스러웠던 마음은 정리되고, 한결 더 차분하게 실존을 받아들이게 해줄 것이다.

치료자 _ 앞으로 몇 년 정도 더 살 수 있을 거로 생각하십니까?

치료자 _ 당신의 죽음을 상상해 보세요. 자신이 죽은 모습을 상상해 보세요. 얼굴은 어떤 모습인지, 손과 발은 어떤 모습인지, 어디에 있는지...

치료자 _ 지금까지 살아 오면서 무엇이 가장 아쉽고, 후회스러운가요? 지날날의 삶을 돌아보면서, 내 죽음에 조문자가 되어, 아쉬운 삶의 부분을 돌아보는 시간을 갖겠습니다.

치료자 _ 당신의 죽음을 슬퍼하는 사람이 누구입니까? 그 사람들에게 마지막으로 하고 싶은 말을 이 종이에 써보세요.

치료자 _ 만일 다시 태어난다면, 어떤 삶을 살고 싶은가요?

치료자 _ 지금 나에게 가장 소중하다고 생각하는 것 10가지만 써 보세요.

치료자_ 살아 있을 동안 1번부터 10번까지, 실행할 계획을 구체적으로 세워보세요. 전에 내가 소중하다고 여겼지만 실천하지 못했던 이유는 무엇이었나요? 다시 태어나면 어떻게 극복하면서 실행해 볼 것인지 장애물을 극복할 방법도 함께 써 보세요.

눈물의 종류 8

왜 나한테만
이런 일이 일어난 거야

눈물의 종류에는 “왜 나는 이런 환경, 이런 부모 밑에서 태어났는가? 왜 나에게 이런 일이 일어났는가? 왜 나에게 이런 질병이, 이런 상황이 일어났는가? 난 이렇게 태어났기 때문에 어쩔 수 없어. 이런 일이 발생했으니 이 일이 사라지지 않는 한 나는 행복할 수 없어”라며 환경을 탓하고 그 속에서 벗어날 수 없다며 흘리는 눈물이 있다.

인간은 선택할 겨를도 없이 누군가에게 태어난다. 생명이라는 선물을 받을 때, 어느 집에서, 어느 부모 밑에서 그 선물을 받게 될지 알 수 없다. 무작위로 제비 뽑힌 곳에서, 그렇게 우리는 ‘인생’을 살아 볼 수 있는 기회를 일단 부여받는다. 그러나 거기서부터는 이제 우리의 선택이 시작된다. 나비가 어디서 번데기를 벗고 나왔는지는 나비에게 중요하지 않다. 이제 주어진 환경을 극복하고 자신에게 선물로 주어진 기회의 삶을 살아갈 뿐이다. 우리의 두 팔 위에 떠 얹어진 '삶'은 누구에게 맡길 수도, 대신 살아 달라고 부탁할 수도 없다. 오로지 나 스스로 선택하고 책임지며 살아야 하는 내 몫의 것이다.

'아, 이번 생은 아닌가 봐'라고 하지 말아야 한다. 왜냐하면, 태어난 곳은 내가 선택할 수 없지만, 태어난 후부터는 삶은 내 선택에 따라, 달라지기 때문이다. 우리는 단지 한 시간 동안에도 수많은 선택을 한다. '이제 좀 쉴까? 더 일할까? 기지개를 잠깐 켤까? 창문을 열까? 시계를 볼까? 메모해놓을까? 과제를 할까? 수학책을 좀 볼까?'라는 생각으로 많은 선택을 할 수 있다. 그래서 "내 눈물은 너 때문이야. 환경 때문이야"라고 탓하는 것이 소용없는 일이다. 내 삶은 결국 '나'라는 주인에게 달려있기 때문이다.

내 운명이 나의 선택에 결정된다는 사실은 얼마나 두렵고 부담스러운 일인가? 내가 내 삶을 스스로 선택하고 결정하는 존재라는 부담감에서 "나는 선택할 수 없는 환경 속에 있어. 나는 선택하는 존재가 아니라, 그냥 지하철 매표원이야. 식료품 상인이야. 사생아야. 가난한 아버지의 딸이야. 알코올 중독자 남편을 둔 여자야. 나는 스스로 내 운명을 결정하지 못한다고!"라고 하며, 환경과 타인에 의한 희생자라고 울부짖는다.

사람들은 자신의 삶을 스스로 선택하고 결정할 수 있는 주체자라는 것에 매우 부담스러워한다. 실존주의 심리학자들은 선택으로 오는 결과에 책임지는 것을 사람들이 두려워한다고 한다. 그래서 "내가 하지 않았어요. 난 책임이 없어요"라고 하며 책임을 회피할 수 있는 핑계들을 찾기에 급급해한다.

물론 나는 '사생아'라는 통로로 '존재하는 나'가 되었다는 것은 사실이다. 그 통로는 내가 선택하지 않았다. 환경은 다소 나의 선택을 제한하기도 한다. 그러나 궁극적으로 매 순간 내 삶을 선택하는 것은 '나'다. 그 선택에 대한 책임도 내가 져야 한다는 것은 변함이 없는 사실이다. 결국, 지금의 삶은 나의 수없이 많은 선택이 만들었다는 것을 인정하지 않는 한, 우리는 항상 "내가 왜 책임져야 하냐고요!"라고 하며, 누군가를 탓하는 눈물을 멈추지 못할 것이다.

복순 씨는 곧 돌아오는 생일파티에 초대하고 싶은 사람들의 목록을 만들었다. 4시간 정도의 즐거운 시간을 보낼 계획이다. 생일파티를 위해 정원을 아름답게 꾸미고, 맛있는 음식들을 준비하였다. 드디어 생일날이다. 초대한 손님들이 맛있는 음식이 준비된 정원으로 들어왔다. 행복한 시간을 기대하는 순간, 초대하지 않은 한 난봉꾼이 정원으로 들어왔다. 그 난봉꾼은 "이 여자가 과거에 어떤 사람이었는지 알면 다들 깜짝

놀랄걸! 당신들은 이 여자의 실제를 알아야 해. 얼마나 교활한 사람인지 알면 다들 나자빠질걸"이라고 하며 큰 소리로 떠드는 것이다.

복순 씨는 '내가 왜 저 난봉꾼 때문에 이렇게 살아야 해? 저 난봉꾼만 없어진다면 나는 행복해질 수 있어. 나는 저 난봉꾼이 있는 한은 아무것도 할 수 없어. 먼저 저 난봉꾼을 쫓아내는 일에 최선을 다 해야 해'라는 생각을 하며 난봉꾼을 그 정원으로부터 끌어내는 데 집중하기를 선택하였다. 어쩌면 나가려 하지 않는 난봉꾼과 싸움은 4시간 모두를 사용하게 만들 수도 있다.

그 난봉꾼은 우리 삶에서 감춰두고 싶은 과거 환경일 수도, 기억일 수도 있다. 3개월밖에 살 수 없다는 시한부 선고일 수도 있다. 복순 씨는 '난봉꾼이 존재해서 내 심기를 건드리기는 하지만, 나는 여전히 이 파티를 즐기는데 집중할 거야'라는 선택을 하지 않았다. 복순 씨는 선택의 주인이 '난봉꾼'이 아닌 '나'였다는 것을 알아야 한다.

우리는 각각 태어났고, 각각 자기 삶을 살아간다. 누구의 것도 아닌 내가 써가야 하는 삶이다. 그러나 내 삶을 내가 책임져야 한다는 부담감에서 오는 불안은 병리적 부적응을 낳는다.

'이런 가정에서 태어나서 어쩔 수 없다. 이런 유전자를 갖고 태어나서 이럴 수밖에 없다. 내가 선택한 것이 아니라 저항할 수 없는 환경 때문이었다. 내 문제의 책임이 너한테 있다'라는 피해의식이 그렇다. 이러한 삶은 자유롭게 선택하고 결과에 책임져야 하는 일이 필요한 기회의 삶을 공포와 두려움으로 받아들인다. 우유부단하고 무기력한 삶을 유지할 뿐이다. 그러나 살아있는 한 선택은 끝나지 않는다. 난 무고한 희생자가 아니라, 그 희생자가 되기를 선택했다는 것을 알아야 한다. 내가 정말 환경의 희생자라면, 나와 비슷한 처지의 모든 사람의 운명이 나와 같아야 할 것이다. 그러나 왜 나만 이런 삶을 살고 있는가? 그들은 다른 선택을 했고, 나는 이 삶을 선택한 결과다. 삶에 대한 책임이 부담스럽고 두려워도 인정하고 받아들일 때 삶에 대한 자세가 성숙해진다.

복순 씨의 힘든 환경으로 인한 눈물은, 깊은 통찰과 깨달음이 필요하다. 피해의식의 눈물에서 벗어나기 위해 '나를 책상 위에 올려놓고 바라보는 작업'이 필요하다. 나를 객관적으로 관찰하면 환경이나 타인을 탓해온 자신을 발견하고, 삶의 주인이 바로 자신이라는 것을 깨닫게 해줄 것이다. 삶에 대한 본질적인 문제에 대한 질문이 필요할 수 있다. 때때로 눈물은 우리를 삶에 대한 깊은 깨달음으로 인도하여, 다른 사람을 의식하는 삶이 아닌 진정한 나의 삶에 집중할 수 있게 해준다.

치료자_ 내 삶이 부여된 환경은 어떤 부분이 가장 마음에 들지 않았나요? 태어나 보니 그 환경은 어떠한 곳이었나요?

내담자_ 나는 가난한 어느 뒷골목 깡패인 한 남성과 학교 근처도 가보지 못한 어느 여성 사이에서 태어나 있었어요. 그분들은 내가 크는 동안 어느 정도까지 도움을 주려 나름 노력하였고. 자신이 살아왔던 환경과 경험들로 상처가 많았다고 해요. 그 상처들로 인해 그분들은 부드럽지 못 했고, 거칠고 자주 화를 내는 분들이었어요. 그래서 나는 어린 시절 무수한 폭력을 경험했어요.

치료자_ 당신에게 주어진 삶이 다른 사람에게 주어진 삶과 다르다고 생각한적이 있는가요?

내담자_ 나는 특별한 부모님을 가진 것이 부끄러웠어요. '나는 왜 이런 엄마를, 왜 이런 아버지를 만났을까?'라는 생각을 많이 했어요. 초등학교 때 엄마를 도와 두부를 팔았는데, 친구들이 두부 장수 딸이라고 놀리면 정말 창피했어요. 아무에게도 그사실을 알게 하고 싶지 않았어요. 지금 나는 성공했어요. 그러나 과거 내가 태어난 그 환경으로 오해받고 싶지 않아요. 그래서 나는 부모에 대한 이야기를, 어린 시절

이야기를 절대 하지 않았고, 누군가 나의 과거를 궁금해하지 않길 바랐어요.

치료자_ 내게 가장 큰 고통을 주었던 선택은 무엇인가요?

내담자_ 내가 너무 나에게 주어졌던 과거 환경을 부끄러워했다는 거예요. 그 환경을 덮기 위해 더 화려하게, 더 세련되게, 더 우아하게, 더품위 있게, 더 멋져 보이게, 더 있어 보이게 애썼고, 내가 필요해서가 아니라 그러한 심리적 욕구를 채우는 것에 내 모든 것을 쏟아부은 것 같아요. 가장 좋은 차, 좋은 집, 좋은 옷으로 과거의 환경을 덮으려고 몰입했던 것 같아요. 아무도 모르지만, 항상 그런 심리적 불편감을 감소시키려는 치열함을 선택하였다는 것이 아쉬워요.

치료자_ 그 환경이 어쨌는데요?

내담자_ 태어난 환경이 원망스러웠죠. 공부를 열심히 해서 좋은 대학을 갈수 있었지만, 장학금을 받지 않으면 안 되는 상황이었고, 등록금과 생활비를 전부 스스로 책임져야 했기에, 편안하게 공부만 한 적이 없었어요. 공부할 시간이 없어서 시험에 여러 번 낙방했을 때 나한테 주어졌던 환경이 원망스러웠어요.

치료자_ 그 선택을 하지 않았다면 지금 어떤 삶을 살고 있을 것 같은가요?

내담자_ 그 환경을 지우고자 겉치레에 힘을 몰두하지 않았다면, 나는 내적인 만족을 누리는 편안한 인생을 살았을 것 같아요. 지금까지 누구를 위한 삶인지... 너무 무의미한 것에 집착하며 애썼던 것 같아요.

치료자_ 지날 날의 나의 선택들을 돌아보세요. 나의 선택으로 아쉬운 삶의 장면을 이제 보내주고, 새로운 선택을 향한 다짐도 필요할 것 같아요. 이제 당신에게 다시 선택할 기회가 주어진다면, 그 선택은 어떻게 변할까요? 당신은 이제 어떤 선택을 하는 사람이 되고 싶으신가요?

내담자_ 나에게 주어졌던 환경을 부끄럽게 생각하지 않을 것 같아요. 나는 고난이 존재하는 환경에서 태어났지만, 더 많은 사람을 깊이 이해 할 수 있는 좋은 환경이란 걸 생각하지 못했어요. 고난을 겪었기에 더 단단하고 성숙할 수 있는 사람이 될 수 있다는 걸 몰랐죠. 가장 밑바닥의 삶을 살아가는 사람들을 이해할 수 있는 힘이 생겼는데...
그래서 그 기회를 부정적이고 병리적인 삶으로 만든 나의 선택이 후회스러워요.

치료자_ 그 선택을 하는데 극복해야 할 방해물이 존재하나요?

내담자_ 이미 내가 주변에 보여왔던 과장된 이미지가 방해가 될 듯해요. 과장하지 않고, 멋져 보이려는 불편한 노력도 멈추고 싶어요. 환경이 아닌 나 자체가 하나밖에 없는 존귀한 존재라는 것을 받아들일 거예요. 잠깐 소풍 나온 삶이, 부잣집에서 태어나서 물질은 잘 제공 받을 수 있지만, 아버지의 부인이 두 명이어서 상처받고 안정감 없는 삶을 사는 친구들도 있어요. 또 재산 가지고 형제가 다투는 것을 여러 번 보았고요. 또 부모가 모두 교육을 잘 받은 교수들이지만, 어릴 때부터 공부하라고만 해서 자유롭게 살지 못하는 환경을 가진 친구들도 있어요. 그들은 아마도 내가 태어났던 그 가난한 시골을 오히려 부러워할지도 모르죠. "가난해서 풀 뜯어 먹고 살아도, 평화로웠으면 좋겠다" 라고 말이죠.

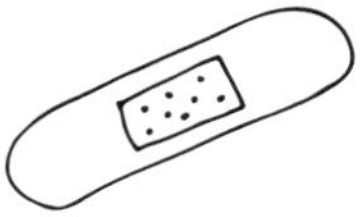

눈물의 종류 9
기억의 왜곡이 만든 눈물

어린 시절의 상처는 맥락을 충분히 고려하지 못한 왜곡된 기억에서 비롯되는 경우가 흔하다. 인간의 기억은 감정에 영향을 받는다. 성인이 돼서 떠올리는 과거의 기억은 당시 인상 깊었거나, 기쁨, 분노, 슬픔, 즐거움 등의 감정과 깊게 관여된 것들이다. 예를 들어, 엄마와 시장에 갔다가 길을 잃었던 기억, 아버지에게 생일날 큰 선물을 받았던 기억은 대부분 공포감, 행복감 등의 큰 감정들이 끼어있다.

심리학자 래신(Rassin) 등에 의하면 심리적 충격을 경험한 사람들의 기억은 사건에 대한 특정 맥락을 과대 또는 과소평가하는 경향이 있다고 한다. 이유는 일종의 강력한 충격으로부터 자신을 견딜 수 있게 하려는 방어기제 때문이라고 할 수 있다. 강한 감정자극에 매몰된 사람들은 때때로 상황의 진실을 왜곡한다. 자신이 경험한 기억들을 전체로 통합하지 못하고 단편화된 조각들로 뇌에 저장한다. 그래서 사건을 다시 기억할 때 실제 경험한 것과 다르게, 더 심각한 것으로 과장하여 이야기하곤 한다.

사라 씨는 바람피운 남편이 용서가 안 된다고 흐느껴 울었다.

내담자_ 용서해 달라는데 잘 안 돼요. 버림받은 느낌이 들고 비참해서 견딜수가 없어요. 집에서는 숨이 쉬어지지 않아서 아침 일찍부터 나와 헬스클럽에 가서 뛰고, 사람들을 만나서 돌아다니고... 그러면 좀 나은데... 다시 집에 돌아와 대문 앞에 서면 심장이 탁 멈춰지는 것 같아요.
제가 초등학교 1학년 때였어요. 어느 날 학교에서 돌아왔는데 집이 비어있는 거예요. 사람도 없고, 모든 집기가 사라지고, 그냥 빈집만 남아 있는 거예요. '나를 그렇게 미워하더니 결국 나를 버리고 떠났구나'라는 생각이 들었어요. 그냥 빈집 마루에 앉아 한참을 울고 있었어요. 옆집에 할머니가 대문으로 들어오시더니 "지금 왔니? 너희 집 이사 갔어. 여기서 가까우니까 데려다줄게"라고 하시는 거예요. 할머니를 따라 이사 간 집에 도착했어요.
그 집 대문에 들어섰는데 언니들이 교복을 입은 채 이방 저방 즐겁게 뛰어다니는 거예요. 나 같은 건 안중에도 없었어요. 마치 남의 집 대문 앞에 서 있는 것 같았어요. 가끔 TV에서 주인이 팔았던 개가 주인을 다시 찾아 왔다는 이야기를 들었는데 내가 그 개 같다는 느낌이 들었어요. 공포에 질려서 기절할 것 같았는데 저를 쳐다보는 사람이 없었어요. 제가 없이도 세상은 아무 일도 없다는 듯 돌아가는 거였어요. 한참 동안 마당 안으로 들어가지 못한 채 대문 앞에서 서 있었던 것 같아요. 아니, 이사를 간다면 간다고 저한테 사전에 말을 해줬어야 하는 것 아닌가요? 그 기억이 잊히질 않아요.

치료자_ 그 당시 상황에 대해 다시 엄마에게 들어보았나요?

내담자_ 언젠가 엄마와 싸우다가 분노가 치밀어 올라와서 "그때 왜 그랬어? 진짜 나 버리려고 그랬지?"라고 따진 적이 있어요. 엄마는 "무슨 말도 안 되는 소리를 하고 있어! 넌 가끔 엉뚱한 소리를 잘하더라"라고 하는 거예요. 참 기가 막혀서, 지금도 악몽을 꾸는데...

사라 씨는 남편의 바람으로 인해 느껴졌던 것과 동일한 느낌을 받았던 어린 시절의 기억을 생각해 낸 것이다.

치료자_ 사라 씨는 어릴 때 어떤 아이였어요?

내담자_ 저는 어릴 때 남자아이 같았어요. 동네 골목대장이었죠. 여자아이인데도 남자애들을 다 끌고 다니면서... 애들을 때려서 종종 문제를 일으키기도 했고... 종일 밖에서 뛰어노는 씩씩하고 활동적인 아이였던 것 같아요. “머슴아 같다. 야무지다. 활발하다”라는 말을 들었던 것 같아요.

내담자는 상황적 맥락에 관심을 가질 여유가 없었던 것 같다. 오로지 버림받았다는 강한 정서적 느낌만 기억 속에 각인되어 있었다. 아마도 그 기억의 맥락에는 어머니는 씩씩하고 어디 내놔도 야무진 아이니까 그렇게 놀랄거라고 생각하지 못했고, 아침에 말해준다는 것을 깜박 잊었을 수 있다. 또 이사를 가까운 곳으로 가는 거니깐 ‘옆집 할머니께 부탁해 놓으면 되겠지’라고 생각하고 할머니에게 이야기해 두었을 것이다. 그러나 내담자의 기억은 이런 맥락은 고려되지 않았다. 내담자는 왜곡된 기억 때문에 흘리지 않아도 되는 눈물을 흘리곤 한다.

인간은 경험한 정보들을 복사하듯 그대로 기억하기보다, 기억해 내는 과정에서 새롭게 재구성한다. 이러한 기억의 가변성으로 인해, 내담자들은 오래된 어린 시절에 대한 기억이 상당히 왜곡되어 있다. 상처로 착각하고 울어 왔지만 제대로 확인해 보면 잘못된 기억이 만든 상처라는 것을 발견하게 된다. 상담하면서 많은 사람이 이 가변적 기억의 희생자라는 것에 놀라곤 한다.

감정자극은 강하다. 그래서 기억도 잘 된다. 괴로운 기억은 지우고 싶지만 가능하지가 않다. 대부분의 사람은 고통스러운 기억을 떼어내지 못한 채 살아간다. 감정은 시간과 공간을 초월한다. 순간에 해묵은 감정이 풀리기도 하고, 순간에 영원히 잊지 못할 추억도 되고, 영원히 벗어나지 못하는 상처가 되기도 한다. 그러나 이 '순간', '찰라' 동안 각인된 이 기억에는 맥락을 고려하지 못한 많은 왜곡, 비진실이 존재한다.

인간의 기억은 장기기억으로 저장되기 전에 단기기억에 잠시 머문다. 그러나 단기기억의 공간은 기억할 내용을 저장할 수 있는 용량이 제한되어 있어, 우리는 경험한 것들 가운데 일부만을 선택적으로 저장하게 된다. 특히 감정이 수반된 사건은 강한 감정에 몰입된 나머지 맥락들에 대한 세부기억을 놓치게 된다.

그 감정은 우리의 기억에 깊이 저장되고, 더 쉽게 회상된다. 우리가 눈물을 흘렸던 사건을 잘 잊지 못하는 이유다. 특히 심리학자들은 어린 시절 기억에 관심을 갖는다. 맥락에 대한 깊고 넓은 고려가 어려운 어린 시절의 기억은 그 어느 시기보다 큰 왜곡이 조장될 수 있기 때문이다. 기억의 왜곡이 가져온 눈물은 맥락을 확인할 기회가 필요하다.

사라 씨의 눈물은 과거 왜곡된 기억에서 벗어나는 작업이 필요하다. 자신의 기억과 그 맥락의 차이를 확인해야 한다. 이러한 작업은 해묵은 과제들을 풀고, 받아들임을 촉진하는 눈물이 필요할 수 있다.

치료자_ 여기 빈 의자가 두 개 있습니다. 한 의자에는 나에게 중요했던 사람이 앉아 있다고 상상해 보세요. 그 사람과 진정한 대화를 나누는 시간을 갖겠습니다. 실제로 하고 싶은 말과 행동을, 실제 상황과 가깝게 직접 행하시는 거예요. 준비되었으면 이야기해보세요.

내담자_ 엄마는 왜 나에게만 유독 차가우셨어요? 동생과 나를 대하는 것이 완전 달랐잖아요. 중학교 때 엄마가 외갓집에 가자고 나오라고 하셨어요. 그래서 옷을 챙겨입고 먼저 나와서 엄마 차에 탔어요. 그런데 엄마가 나를 빈정대는 표정으로 '누가 너도 나오라고 했니? 넌 내려!'라고 하셨던 것이 기억나요? 그때 내가 화가 나서 내리자마자 "쌩"하고 차를 몰고 가셨잖아요. 엄마는 항상 내가 창피했던 것 같아요. 동생만 데리고 다니셨어요. 어릴 때 어디든 나를 데려가지 않으려고 했고, 나는 나도 가고 싶다고 울었던 기억이 여러 번 있어요. 여러 번요.

치료자_ 이제 자리를 바꿔보겠습니다. 내가 중요한 분이 되어 그 의자에 다시 앉아 있는 상상을 하십시오. 그분 입장에서 말씀해 보세요. 그의 마음이 느껴지나요? 뭐라고 하시나요?

내담자_ 넌 어딜 가려면 동생처럼 좀 씻고, 옷도 깨끗하게 입고 준비하면 좋을 텐데, 늘 잠자던 옷 그대로 입고 슬리퍼를 질질 끌고 나오니까 나는 네가 그러면 안 된다는 걸 알려주고 싶었어. 사실 나는 네가 다른 사람들한테 손가락질받을까 봐 더 걱정했다. 그리고 그때 외갓집에 너를 안 데려간 이유는 너 시험 준비하라고 그랬을 거야. 넌 꼭 그렇게 엄마를 억울하게 만드는 엉뚱한 말을 종종 하더라. 내가 너를 왜 미워하겠니?

치료자 _ 이제 그 아이와 이야기해볼까요. 그 아이가 잘못 알고 있는 부분이 있다면, 오해를 푸는 시간이 필요하겠군요.

눈물의 종류 10

너무 불안해요

불안이나 걱정에 시달리며 고통을 겪는 사람들이 있다. 심리학자 메이(May)는 "이 시대의 가장 절박한 문제 중의 하나는 불안이다"라고 했다. 시험을 볼 때, 발표할 때, 무대에 서야 할 때, 면접을 봐야 할 때, 여러 사람을 만나는 자리에 가야 할 때, 낯선 장소에 있게 될 때 앞이 캄캄해지고 어색해서 어찌할 줄을 모르는 다양한 수준의 불안이 존재한다.

모든 불안을 없애는 것이 치료의 기능은 아니다. 아무도 전혀 불안 없이 살아갈 수는 없기 때문이다. 정상적 불안은 어떤 문제가 있기 때문에 생긴 거지만, 신경증적 불안은 아무 문제가 없는데도 일어나는 것이다. 예를 들면, 부모가 아이가 차에 치일까 봐 너무 불안해서 아이를 집 밖으로 한 발짝도 못 나가게 한다면, 정상적이지 못한 불안에 속한다. 이처럼 신경증적 불안은 건설적이지 못하고 파괴적이다.

레지던트 1년 차 민수 씨는 일주일마다 돌아오는 발표 시간이 너무 고통스럽다. 발표불안으로 학교도 여러 번 휴학하며 늦은 나이에 겨우 마쳤는데, 레지던트가 되자 발표가 더 많아졌기 때문이다. 발표만 하려면, 손에 쥔 자료를 심하게 덜덜 떨고, 목소리도 덜덜 떨린다. 발표가 있는 날이면, 동료들과 교수님들의 한심해하는 듯한 시선이 다음 일에 집중을 어렵게 만든다. 아무래도 올해도 또 쉬어야겠다는 생각을 한다.

1년 전 병원을 개원한 영수 씨는 불안으로 자살 생각까지 하게 되었다. '병원을 개원하느라 아직 빚도 많은데 이 빚을 다 못 갚으면 어쩌나... 의료사고라도 나면 어쩌나... '라는 불안감에 잠이 안 온다.

고등학생 해리는 시험불안이 높다. 시험만 보면 평소에 알고 있었던 내용도 기억이 안 난다. 시험문제를 여러 번 반복해서 읽어도 집중이 안 된다. 해리는 시험 본 날이면, 집에 울면서 들어와 방문을 잠그고 안 나온다.

높은 불안은 집중력과 기억력에 영향을 미친다. 또 신체에도 영향을 미쳐 손에 땀이 나거나, 떨거나, 몸이 움직이지 않는 현상을 일으킨다. 이러한 영향으로 불안은 실수를 부른다. 한 번 실수가 일어나면, 더 불안해지고, 그 자리를 회피하려 애쓰는 악순환이 반복된다.

"호랑이 굴에 들어가도 정신만 똑바로 차리면 살 수 있다"라는 속담이 있다. 그러나 호랑이를 만나면 발걸음이 떨어지지 않는다. 심장이 뛰면서 몸이 움직여지지 않고 굳는다. 무엇을 어떻게 해야 할지, 아무 생각도 나지 않는다. 기억력도 집중력도 발휘되지 않는다.

극도로 불안할 때 우리의 인지기능은 제대로 작동되지 않는다. 지능은 70으로 떨어져 지적장애 수준이 된다. 인지기능이 지적장애 수준으로 낮아진 상태에서 호랑이 굴에서 살아남을 만한 전략을 생각해 낼 수가 없다. 불안이 높은 사람들에게 자주 경험되는 현상이다.

이렇게 두려움에 압도되어 울기만 하는 눈물은 아무런 도움이 되지 않는다. 신경과학자 젠슨(Jensen)은 우리가 지속해서 스트레스를 받으면 대뇌피질의 기능이 저하된다고 밝혔다. 스트레스 호르몬은 기억을 담당하는 해마세포를 파괴한다. 따라서 부정적인 감정과 스트레스에 노출되면 해마가 제 기능을 하지 못하게 되어서, 해결해야 할 문제가 생겼을 때 제대로 대처하지 못한다. 스트레스 속에서 정서조절과 현명한 선택을 담당하는 전두엽 활동이 떨어지기 때문이다. 따라서 불안하고 위협적인 상황에서 현명한 판단을 하지 못하여 일을 그르치거나, 위태로운 선택을 하기 쉽다.

우리는 인생을 살아가면서 부정적 생각을 전혀 하지 않을 수 없다. 그러나 부정적 생각은 불안을 가중시킨다. 그만큼 더 긴장과 불안으로 치닫게 할 수 있다는 걸 기억해야 한다. 부정적 생각은 우리를 상황에 압도되게 만든다. 우리의 인지기능들을 더욱 마비시키고 결국, 잘못된 해결책을 사용하도록 만든다.

'발표를 잘해야만 돼. 시험을 잘 봐야만 돼. 이 사업을 반드시 성공시켜야 해' 라는 맥락 속에 어떤 생각이 숨어 있는지를 들여다봐야 한다. 그 이면에는 '나는 사랑 받아야 돼. 인정받지 못하면 끝이야. 그렇지 못하면 난 인생의 낙오자야. 사람들이 실패한 나를 비난할 거야'라는 마음이 자리할 수 있다. 이것은 '똑바로 잘해야 한다고! 완벽하게, 더 노력해야 한다고!' 라는, 자신에게 여유를 주지 못하고, 심하게 몰아세우는 숨어 있는 생각이다.

이런 생각들은 마음에 여유를 주지 못하고, 계속 자신을 심하게 몰아세울 수 있다. '시험을 잘 보면 좋지. 그러나 잘 못 보게 된다면 또 다른 기회가 있을 거야'라는 여유를 주지 않는다.

적절한 불안은 필요하다. 불안이 너무 없다면, '시험을 보든지 말든지'라고 하며 전혀 준비를 하지 않을 것이다. 그렇게 되면 불성실한 태도 문제가 발생될 수 있다. 불안하지만 조절이 가능한 수준이라면, 주어진 일에 책임감 있는 노력을 하게 될 것이다.

신경과학자들은 불안이나 우울이 뇌세포의 사멸을 증가시킨다고 말한다. 뇌세포 사멸은 기억과 집중력과 같은 인지기능과 생리 및 정서조절 기능에 장애를 초래한다. 우리가 불안한 기분을 정상화해야 하는 이유이다.

만일 우리가 어떤 일을 성공한 경험이 있다면, 그 경험은 자신감과 같은 긍정적인 정서를 일으킨다. 긍정적인 정서는 이 일을 좋은 기억으로 생각하게 만든다. 성공할 때 우리 뇌에서는 쾌감을 느끼게 하는 '도파민'이라는 신경전달 물질을 분비한다. 우리는 이렇게 도파민이 한번 분비되었던, 기분 좋았던 일을 다시 반복하고자 한다. 기분을 좋게 만드는 도파민을 또 다시 나오게 하고 싶어지기 때문이다.

만약 도파민이 게임을 할 때, 도둑질할 때, 누군가에게 소리지를 때 분비된다면, 잘못된 행동문제가 발생할 수 있다. 실제로 늘 있는 일이다. 따라서 부모와 교사는 아동에게 바람직한 행동으로 즐거움을 경험할 수 있도록 항상 안내를 해야 한다.

그럼 어떻게 성공 경험을 늘릴 것인가? 실제 상황을 조작하기 어렵다. 그러나 상상은 내 마음대로 조작할 수 있다. 발표나 시험상황을 우리는 성공적으로 편안하게 마쳤다고 몇 번이고 상상할 수 있기 때문이다. 우리 뇌는 상상을 실제 '성공경험'이라고 저장하기에, 마치 여러 번 성공한 사람처럼 떨지 않는 능숙한 발표자가 되게 한다.

불안으로 인한 눈물은 불안의 종류에 따라 인지행동치료나 심상요법이 활용된다. 또는 나를 편안하게 만들 수 있는, 글과 음악이 담긴 차분한 만트라는 실제 불안을 잠잠하게 만드는 효과가 있다고 보고된다. 인지행동치료는 불안이라는 정서 이면에 불안을 촉발시키는 생각을 다룬다.

'잘해야만 돼. 그래야 인정받을 수 있어' 등의 이면의 욕구는 스스로를 다그치게 되고 오히려 수행에 문제를 일으킨다. 불안이 높은 사람들에게 눈물치료의 병행은 마음을 진정시키고 새로운 도전을 시도해 볼 수 있는 용기를 준다.

치료자_ 불안 때문에 삶에서 어떤 부분을 방해를 받고 있나요?

내담자_ 시험불안이 높아요. 시험 본 날은 늘 방문을 잠그고 울었어요. 다음날 등교 전까지 문밖으로 나오지 않을 때가 많아요. 저는 대부분 밤늦게까지 열심히 공부하는 성실한 학생이에요. 항상 긴장하며 시간관리에 신경쓰고... 분명 집에서 문제집을 풀 때는 대부분 100점을 맞는데, 학교에서 시험만 보면 60점 수준이에요. 시험 보기 2주 전부터 배가 아프고 손이 떨리기 시작해요. 시험 보는 날, 너무 집중이 안 되고, 기억이 하나도 안 나요. 치료받고 싶어서 인터넷으로 상담실을 검색해서 엄마와 함께 찾아 왔어요.

치료자_ 시험을 잘 못 보면, 어떤 일이 일어나지요? 무엇이 두려운가요?

내담자_ 시험을 잘 봐서 유능한 사람이 되고 싶어요. 인정받고 싶어요.

치료자_ 누구에게요?

내담자_ 성공해서 부모님께, 친구들에게 자랑스러운 사람이 되고 싶어요. 또 아무도 나를 가볍게 여기지 못하도록 하고 싶어요.

치료자_ 다른 사람에게 인정받고 싶은 마음이 너무 커서 불안에 떨고 있군요. 이제 내가 나를 돌볼 방법을 생각해 봐야 할 듯해요. 나를 편안하게 만들고, 힘을 주는 말을 이 종이에 써보세요. 이것을 만트라 작성이라고 합니다. 나를 불안하게 만들던 걱정들을 내려놓고, 힘 있게 나를 응원해 보세요. 나를 진심으로 응원할 사람은 바로 '나'니까요.

치료자_ 작성한 만트라를 녹음하세요. 목소리는 높지 않은 저음으로, 톤의 기복 없이 단조롭게요. 강조하고 싶은 단어는 길게 늘어뜨려 말하면 됩니다.

치료자_ 녹음을 다 하셨으면, 앞으로 걱정되고 불안할 때 이 만트라를 들으세요. 편안해지고 힘을 낼 수 있을 거예요. 마음에 들지 않으면 언제든지 다시 수정하시면 돼요. 나를 가장 힘나게 하는 나만의 만트라를 만들어 활용해 보세요.

눈물의 종류 11.

이 고통을 견딜 수 없을 것 같아요

인간은 여러 현실적인 문제로 인해, 다양한 고통스러운 감정을 느낀다. 우리에게 닥친 문제들과 고통은 시간이 지나면 모습이 달라진다. “지금 나는 살 수 없어!”라고 울고 있지만, 지금-여기서 일어나는 일은 계속 현재로 머물 수 없다. 시간은 흐르고 그것들은 다 지나간다. 신은 고통이 계속 인간 앞에 머물지 못하도록 시간을 선물했다. 모든 것들이 곧 다 과거가 된다는 것을 기억해야 한다.

“최근, 중요한 일을 망쳐 버렸어요. 너무 화가 나요.”

“생각지도 못한 소송에 휘말려 있는 상태에요. 마음이 힘들고 불안해요.”

"남자 친구와 헤어졌어요. 버림받은 느낌이 들어요."

"얼마 전에 이혼했어요. 너무 우울해요."

"소중한 사람을 잃었어요. 너무 슬퍼요."

"시험에 또 낙방했어요. 너무 절망스러워요."

"최근 사람들이 나를 두고 수군거려요. 수치심이 들어요."

이 모든 생각과 감정은 살아있기 때문에 느낄 수 있는 것이다. 그러나 감정은 우리가 현재 집중해야 할 일을 방해하는 주요인이기도 하다. 우리는 태어나서 죽음에 이르기까지 수많은 고난의 구덩이를 만나지 않을 수가 없다. 우리 앞에 현실적인 문제가 닥쳤을 때 어떤 무기를 꺼내서 해결해야 할 것인지를 찾고, 차분하게 모든 과정에 임해야 한다. 그러나 많은 사람이 해결에 집중하기보다는 '나는 이제 끝이야. 답이 없어. 난 해결하지 못할 거야'라는 걱정과 불안한 마음으로 더 많은 시간을 보내곤 한다.

사실 생각과 감정은 인간에게 있는 우수한 능력이다. 다만 가끔 이들이 필요하지 않은 부적절한 시간에 불쑥 나타나 주인의 자리를 빼앗아 버리면 문제가 된다. '넌 살아있을 가치가 없는 사람이야'라는 생각이 들어오면, 그들이 시키는 대로 생각한다. 즉, 주인 자리를 생각과 감정에게 빼앗긴다. 우울하여지라면 우울하고, 화내라면 화를 낸다. 우리가 이들을 알아차리지 않는다면, 그들은 계속 주인이 될 것이다. 다른 지혜로운 선택을 할 기회가 주어지지 않는다.

우리는 이 감정들이 불필요할 때 부드럽게 다스릴 수 있어야 한다. 심리학자 헤이즈(Heyes)는 살아있는 동안 느껴볼 수 있는 감정들을 기회 있을 때 충분히 느껴보기를 권한다. 나에게 늘 들어왔다 나가는 생각과 기분을 회피하지 않고 있는 그대로 그들을 관찰하는 방식은 그들이 시키는 대로 기분을 드러내고 생각하고 행동하는 것을 멈추게 할 것이다. 즉 무엇이 들어왔는지 객관적으로 들여다보는 방식은 그들에 의해 휘둘리지 않는 더 지혜로운 선택이 가능해진다. 심리학자들은 생각이나 감정이 비워진 상태에서 우리가 원하는 일에 집중할 수 있다고 말한다. 그러나 우리는 "우울하면 안 돼. 불안하면 안 돼. 나는 나약하지 않아"라고 하면서 자연스럽게 올라온 감정들을 접촉하지 않으려 한다. 그러나 대면하지 않으면 해소되지 않는다. 그 감정을 충분히 수용할 때 없어진다.

현상학적 심리학자들은 인간의 자연스러운 심리적 활동을 인위적으로 차단할 때 미해결된 과제가 쌓이게 된다고 말한다. 이렇게 수많은 미해결과제가 쌓일수록, 다음 과제에 충분히 집중하기 어렵게 된다. 즉, 해결되지 않은 과제는 항상 시도 때도 없이 다시 전경으로 올라와, 현재 집중해야 할 활동을 방해한다.

화가 나는데 참는 고통이 싫어서 마구 화를 내고, 우울한 감정이 싫어서 술 마시고, 심심한 감정이 싫어서 게임에 빠지고, 불안한 감정이 싫어서 열심히 손씻고... 이러면 정작 내가 원했던 삶, 내가 하려고 했던 것을 하지 못하고, 이 감정들로부터 도망 다니느라 참 초라해진다. 방어하거나 도망치지 않고, 있는 그대로 체험할 때 해소될 수 있다.

주말이 되면 혼자 있는 두려움이 싫어서 정신없이 이 사람, 저 사람과 약속을 잡고, 여기저기 자극을 찾아 헤매는 병리적 행동들은, 외로움을 피하지 않고 오히려 충분히 느껴 볼 때 차분하게 다스릴 수 있게 된다. 우울함도, 분노도, 슬픔도, 좌절감도, 수치감도, 내가 아직 살아있기에 느껴 볼 수 있는 것들이 아닌가?

이제 혼자 조용히 올라오는 우울함을 '아, 내가 살아있구나! 우울은 이런 감정이구나'라고 감상해 보자. 감상이 끝나면 다시 나타나지 않을 것이다.

도연이는 최근 두 달 사이 네 번째 자해를 하였다. 심리검사 결과 자살척도가 매우 높았다.

"엄마가 한 달 동안 저와 말하지 않았어요. 엄마가 다시 떠날까 봐 불안해요. 나에게 헌신한 것을 후회하고 있을 거예요.

내가 없어지기를 바랄 것 같아요."

도연이는 두 달 사이에 몸무게도 갑자기 늘었다.

"저녁에 갑자기 너무 불안해지면, 라면 먹고, 과자 먹고, 계속 먹어요. 더 불안해지면 자해를 했어요. 그러면 얼마간 불안한 기분이 풀려요. 불안이 목까지 찼던 것이 내려가는 것 같아요."

둘 다 전문직인 엄마와 아빠는 도연이가 다섯 살 때 부부싸움으로 별거를 하였다. 먼 지방으로 발령을 받아 떠난 엄마는 도연이가 중학교 1학년을 마칠 때까지 오지 않았다. 중학교 2학년 때 어느 날 엄마는 찾아 왔다. 도연이가 공부도 안 하고, 걱정스러운 아이들과 어울려 다닌다는 사실을 알고 미안해하며 우셨다. 엄마는 곧 직장을 그만두고 도연이에게 헌신하기로 결심하였다. 한 학기 동안 열심히 헌신했지만, 도연이의 성적은 중간고사도, 기말고사도 달라지지 않았다. 엄마는 고통 가운데 이렇게 말했다.

"아이에게 실망했어요. 내가 직장까지 그만두고 아침부터 저녁까지 학원, 독서실, 과외를 모두 쫓아다니며 헌신했는데 어떻게 성적이 그대로인지... 화가 나고 배신감이 느껴졌어요. 그래서 한 달 동안 아이와 말을 하지 않았어요. 제가 너무 성급했나 봐요. 아이가 자꾸 자해를 해요. 내가 없었다면, 차라리..."

도연이가 현재의 감정을 회피하기보다, 있는 그대로 접촉할 때, 그 감정이 느껴지는 대로 행동하는 것을 줄일 수 있다. '감정 느끼기'는 그 감정을 애써 느끼지 않기 위해 쇼핑하기, 사람 만나기, 자해하기, 자극적 활동에 몰입하기 등의 회피적인 행동들 대신, 오히려 그 감정을 충분히 느낌으로써, 머리를 비우게 되고 현실적 대안에 집중할 수 있다. 이 경우에도 눈물이 유용한 도구가 될 수 있다. 마음을 가라앉히고, 현재를 받아들이고 차분하게 문제에 집중할 수 있도록 도울 것이다.

치료자 _ 지금 어떤 불안을 느끼고 있나요?

내담자 _ 얼마 전에 돌아온 엄마가 다시 떠날 것 같아요. 불안해요.

치료자 _ 그 감정으로부터 도망쳐서 어디로 자주 가나요?

내담자 _ 라면 먹고, 과자 먹고, 친구들 만나러 나가요. 더 불안해지면 자해를 했어요.

치료자 _ 이번에는 도망치지 말고 불안을 느껴볼까요. 충분히 느끼면 곧 사라져요. 내가 살아있기 때문에 느껴 볼 수 있는 감정입니다. 좋은 감정, 나쁜 감정, 싫다, 좋다를 평가하지 말고, 그냥 그 감정을 느껴보세요. 그 불안이 무엇인지 들여다보세요. 어떤 느낌인지, 어떤 생각과 어떤 행동욕구를 일으키는지, 있는 그대로 알아채고 느껴도 보세요. 도망치면 그 불안은 다시 찾아올 거예요. 만약 다시 찾아온다 해도 이렇게 무엇이 들어왔는지 확인하고 그대로 느껴보면 돼요.

눈물의 종류 12

저 사람은 도저히 이해가 안 돼요

서로 너무 달라서, 도저히 이해가 안 돼서, 못 살겠다고 눈물 흘리는 사람들이 있다. 강수 씨는 은퇴를 앞두고 고민이 많다. 은퇴 후 무엇을 할지는 둘째 문제이고 부인과 어떻게 살건 지가 더 큰 문제다. 지금도 사이가 안 좋은데, 은퇴 후 종일 집에서 어떻게 부인과 잘 지낼 수 있을지 전혀 답이 안 나온다. 지금도 주말이면 부딪치지 않으려고 아침부터 커피숍에 가서 책을 읽다가 저녁에 집에 들어간다.

강수 씨 부인은 항상 "당신하고는 대화가 안 돼. 꼭 벽을 보고 이야기하는 것 같아"라고 한다. 서로 대화를 잘하지 않는 편이다. 자주 짜증을 내고, 요구가 많아 스트레스가 크다. 조용히 지내려고 무시하거나, 대꾸하지 않거나, 피해 다닐 때가 많다. 그래서 강수 씨는 은퇴 후 가족들과 잘 지내는 방법을 알고 싶다.

상수 씨는 부인과 이혼하고 싶어 한다. 아내는 자기가 제약회사 이사까지 올라가야 한다고 말한다. 그는 10년 넘게 자정이 넘어야 집에 들어오는 부인 때문에 외롭다. 저녁에 가족이 함께 소소한 된장찌개 하나 끓여놓고, "하하, 호호" 웃으며 행복하게 사는 것이 꿈이었다. 돈이 없어도, 성공하지 못해도, 주말에 가족이 함께 김밥을 싸서 놀러 가고, 도란도란 장난치며 이야기하는 소박한 삶을 꿈꾸었다. 그게 행복이라고 생각한다. 상수 씨 부인은 "당신은 꿈이 없어. 그러니깐 발전이 없는 거야"라고 한다. 상수 씨는 소박하게 오손도손 살 수 있는 사람을 이제라도 새롭게 만나고 싶다.

왜 이런 일이 일어날까? 그 이유 중 하나는, 서로 다르기 때문이다. 특성이론가 러터(Rutter)는 모든 사람이 유전적으로 결정된 성격과 행동유형을 가지고 태어난다고 말한다. 환경이 동일해도 어떤 사람은 그 환경에 부적응하여 정신적 장애를 일으킨다. 또 다른 사람은 그 환경이 너무 만족스럽고 편안하다. 어떤 사람과는 편안하고 소통이 잘 되지만, 또 어떤 사람과의 소통은 피상적이고 만족스럽지 못함을 느낀다. 그 이유에 대한 중요한 대답으로, 신경심리학자 버틀러(Butler)는 자신의 성격특성과 유사한 사람을 만날 때 서로 이해하고 말고 없이 소통이 잘 될 수 있다고 말한다.

특성이론가들은 성격을 선천적으로 타고난 성향과 후천적으로 성장해온 환경 속에서 경험해온 것들의 혼합이라고 한다. 그의 생각, 감정, 행동 방식은 한 사람을 다른 사람과 구별해 준다. 그래서 우리는 순희는 활달한 성격이고, 영희는 조용한 성격이라고 말한다. 사람들은 제각기 다른 성격 때문에 대인관계 방식도 다르고, 공부하는 방식도 다르고, 일하는 방식도 다르다.

혼자 사색하는 시간을 통해 에너지를 얻는 사람이 있는가 하면, 다른 사람들과 북적거리며 어울려야 긴장이 풀리고 에너지가 충전되는 사람도 있다. 다람쥐 쳇바퀴 도는 반복되는 삶이 지루하고 우울하다고 일탈을 꿈꾸는 사람이 있는가 하면, 늘 새롭고, 예측되지 않는 변화가 많은 삶이 너무 스트레스여서 원형 탈모가 생기는 사람도 있다. 또 어떤 학생은 국어를 좋아하고, 어떤 학생은 수학을 좋아한다. 흥미 있는 분야도, 좋아하는 장소도 사람마다 다르다.

이런 개인차는 개인의 능력이나 노력의 차이에 의해 나타나는 것이 아니다. 누구한테 배운 적도 없는데 그림을 잘 그리는 아이가 있고, 이제 초등학교 4학년이지만 동네에서 고장 난 전기밥솥을 고치며 용돈을 버는 어린이도 있다. 그들은 학교에서, 직장에서 지능이나 능력 면에서 큰 차이가 없는데도, 토론식 수업을 좋아하는 아이와 강의식 수업을 좋아하는 아이가 있고, 이 일을 못 하지만 저 일은 잘하는 직원이 있다.

빅스(Biggs)는 이런 현상이 나타나는 것은, 뇌에서 인지처리하는 방식이 개인마다 차이가 있기 때문이라고 말한다. 올포트(Allport)는 이를 개인의 독특한 스타일이라고 불렀고, 생각하는 방식, 일을 처리하는 방식, 배우는 방식, 표현하는 방식, 반응하는 방식, 방어나 통제하는 개인의 독특한 습관적인 방식이라고 말하였다. 따라서 효과적인 잠재력 개발 또는 만족스러운 소통을 위해서, 각 개인의 독특성을 고려한 환경 제공과 전략이 필요하다고 말한다.

즉, 내가 경험한 방식, 내가 배운 교육과 철학이나, 누군가에게 남자란, 여자란, 청소년이란, 어린아이란 등의 일반적 조언으로는 성공적인 결과를 얻기 어렵다. 그 사람만의 독특한 성격을 존중하는 전략은 상대의 저항과 서로의 심리적 소진을 줄여 줄 수 있다.

모두에게 적용해 보라는 일률적이고 동일한 지시와 태도가 모든 사람에게 동일한 효과를 가져오지 못한다는 것을 늘 경험해 왔을 것이다. 운 좋게 나와 유사한 성격특성을 가진 사람이라면 나의 지시와 태도 방식이 통하겠지만, 전혀 나와 다르다면 통하지 않았을 것이다.

인간의 복잡하고 다양한 행동을 예측하고 이해할 수 있다면 소통할 때, 지도할 때 많은 부담을 덜 수 있을 것이다. 특성이론가 올포트(Allport)는, 특성은 성격의 기본으로, 직접 관찰이 가능하지 않지만, 행동을 보고 추측할 수 있다고 말한다. 동일한 상황 조건들에서 그의 행동을 오랫동안 관찰하면, 그 사람이 다른 사람과 구별되는 독특한 성격유형을 예측할 수 있다는 것이다. 그러나 이러한 관찰방법은 시간도, 비용도 경제적이지 못할 뿐 아니라, 비교 대상이 적당하지 못하거나 주관적 판단 개입이 쉬워, 한 시간 이내 심리검사를 통해, 더 경제적이고 객관적으로 추정하는 방식이 활용되고 있다.

부부관계 - "못 살겠어요"

부부 갈등이 심한 민철 씨 부부는 이런저런 부부교육과 집단 부부성장 프로그램에 참여하며 위기를 면해 보려 애썼으나 결국 이혼하고 말았다. 매번 일시적인 효과는 있었지만, 몇 달 후 다시 제자리로 되돌아 왔기 때문이다. 왜 이런 일이 반복될까? 일률적인 교육과 프로그램은 모든 부부에게 통하지는 않기 때문이다. 나와 내 부인만의 성격을 기초로 1:1 맞춤식 소통전략이 훈련되어야 한다. 다른 부부에게 통하는 소통전략이 필요하지 않다.

나와 소통할 상대에 대한 맞춤식 소통전략 훈련이 포함되지 않는 부부교육과 프로그램은 시간이 지나면 변화 동기의 약발이 떨어진다. 이유 불문하고 서로를 이해하자는데 초점을 두었지만, 계속 이해만 해주다 인내심이 바닥나는 순간이 오게 된다.

이제 행복하게 잘 사는 이웃집 부부를 따라 하는 의미 없는 전략은 멈추자. 그들은 내 아내나 내 남편과 다르다. 나도 다르다. 나와 남편 둘만의 독특성을 기초로 맞춤식 소통전략이 필요할 뿐이다.

영미 씨는 커피를 마시면서 깊은 대화를 할 수 있는 남자를 만나고 싶다고 하였다.

"말이 통하는 사람 만나고 싶어요. 남편과는 말이 안 통해요. 엄마에게 이혼하고 싶다고 했더니 '너 미쳤냐? 최 서방 같은 사람은 대한민국에 없어. 그렇게 성실하고 정확한 사람이 또 어디 있니? 배부른 소리 말고, 잘 모시고 살아. 이상한 놈 만나서 고생하는 사람들이 얼마나 많은데'라고 했어요. 한편으로는 엄마 말이 맞아요. 정확하고, 성실하고, 예측 가능한 사람이에요. 그런데 대화가 안 돼요. 내가 대화가 안 돼서 이혼하고 싶다고 하니까, 남편이 많은 말을 했어요. 그러나 전혀 마음을 주고받는 대화라고 할 수 없어요. 저는 너무 외로워요. 커피를 마시며 대화할 수 있는 남자를 만나고 싶어요."

일주일 후, 영미 씨는 와서 이렇게 이야기 했다.

"남편이 지난번 상담받은 후에, 웬일로, 지난 주말에는 저랑 커피 마시러 나가자고 하더라고요. 둘이 커피 마시러 나간 적은, 결혼 후 처음 있는 일이에요. 커피숍에 갔는데 남편이 아이스 아메리카노를 시켰어요. 저는 낭만 좀 떨고 싶었는데, 남편이 냉커피를 한 번에 원샷하고 기다리는 거예요. 기가 막혀서... 제가 화가 나서 '혼자 집에 가!'라고 소리쳤어요. 남편은 주제가 있는 것은 잘 설명해요. 특히 자기가 연구하는 분야는요. 그런데 주제가 없는 자유로운 대화는 주도하지도, 잘 끼어들지도 못해요. 무슨 말을 해야할지 모르겠나 봐요."

부모 · 자녀 - "참을 수가 없어요"

교육학자들은 훈련을 통해 좋은 부모가 될 수 있다고 한다.

"같은 뱃속에서 나왔는데 형제가 왜 이렇게 다른지 모르겠어요. 큰아이는 공부도 잘하고, 다 자기가 알아서 하니까 손댈 것이 별로 없어요. 그런데 둘째는 공부도 안 하고, 성질을 어찌나 부리는지 건드리지도 못해요. 도저히 감당이 안 돼서 아이 때문에 너무 우울해요."

'우리 아이는 공부는 잘하는데 사회성이 떨어져요'
'아 우리 아이는 사회성은 좋은데 공부를 안 하는데...'

부모들은 언젠가 감명 깊게 읽었던 어느 책, 마음에 와닿았던 어느 부모교육이나 강연 또는 어렸을 때 경험했던 방식을 생각해내고, 그것을 기반으로 아이를 위한 양육철학을 세우곤 한다.

"저는 아이를 자유롭게 키울 거예요. 제가 어렸을 때 자유를 주지 않는 부모님 때문에 힘들었거든요. 아이들만큼은 그렇게 키우고 싶지 않아요."

"저는 어릴 때 교육이 중요하다고 생각해요. 조기에 학습 태도, 습관, 인지개발 등 놓치는 것이 없도록 열심히 빈틈이 없이 가르칠 거예요."

"요즘 하버드 대학교에 간 아이가 쓴 책을, 하버드대에 5명을 보낸 엄마가 쓴 책을 보고 있어요. 우리 아이들에게 그 교육 방식을 적용해 보려고요."

그러나 자녀의 교육철학은 자녀의 특성을 기반으로 세워져야 한다. 영희도, 철수도, 순희도 모두 동일한 방식으로 하버드대에 갈 수 없다. 각기 다른 방식을 존중하지 않는다면 그 방식이 맞는 누군가만 하버드대에 갈 것이다. 각자의 독특성이 고려되지 않은 교육은 오히려 큰 실패를 맞보게 된다. 아주 운이 좋지 않고서야, 영희에게 맞는 방식이 철수에게도 맞을 수 있겠는가? 학습 스케줄조차 아이마다 다른 적용이 필요하다.

영희는 순차처리가 높아 한 번에 한 가지씩 순차적으로 공부가 진행될 수 있도록 촘촘한 시간계획표가 필요할 수 있다. 그러나 철수는 동시처리가 높아 여기저기 동시다발적으로 관심을 갖고 산만하고, 집중력이 일관되지 못하다. 따라서 꼭 필요한 1~2가지만 시간표에 넣고, 아무 때나 집중할 수 있는 시간에 끝낼 수 있도록, '8시 전까지' 등으로 크게 데드라인만 정해주는 시간표가 필요할 수 있다.

교육학자나 심리학자들은 공통으로 1:1 맞춤식 학습을 최고의 학습이라고 말한다. 물론 학교에서는 가능하지 않은 일이다. 그러나 집에서는 가능하다. 부모교육을 통해 가능할 수 있다. 부모-자녀 간의 원활한 의사소통은, 일률적인 부모교육으로는 항상 제한이 있다는 사실을 간과하지 않아야 한다.

왜냐하면, 영희 성격이 철수 성격과 다르다. 또 영희 엄마 성격이 다르고 철수 엄마 성격이 다르다. 따라서 영희 엄마가 철수 방식으로 소통한다면 영희를 잘 키우지 못할 수 있다. 부모교육은, 영희와 영희 엄마를 위한 맞춤식 부모교육, 철수와 철수 엄마를 위한 1:1 맞춤식 부모교육과 훈련이 가장 효과적인 방법이다. 이를 위해 때때로 전문가의 도움이 필요하다.

자녀의 성격특성을 추론한다면, 현재 문제의 원인과 미래 나타날 문제를 예측하고 미리 대처할 수 있는 기회를 얻게 된다. 현재 자녀가 잠재력을 펼치며 편안할 수 있는 진로설계, 행복한 의사소통, 갈등 없는 학습지도를 위한 전략이 가능해진다. 만일 아이를 모른다면, 운 좋게 나랑 성격이 맞는 아이만 잘 키울 수 있을 뿐, 그 외의 자녀의 어린 시절은 상처만 남겨지기 쉽다.

부모는 유전과 환경을 통해 형성된 자녀의 성격특성을 고려한 환경과 교육을 제공하는 전략가가 되어야 한다. 그러면 아이와 부모의 심리적 소진을 줄일 수 있을 뿐 아니라, 상처 주지 않고, 그 만의 향기가 있는 멋진 아이로 키울 수 있을 것이다.

강수 엄마는 강수를 부둥켜안고 "우리 같이 죽자"라고 하며 울었다. 강수는 학원을 보내고 과외를 시켜도 항상 성적이 하위권이었다. 학교에서 인기도 많고, 리더십도 있고, 밝고 잘 웃는 아이다. 창의적인 생각도 우수하고, 문제해결력도 좋은 편이라 지능이 의심되는 부분은 없다. 대학을 보내기 위해, 승마를 시켜도 조금 하다 못하겠다고 하고 미식축구를 시켜도 조금 하다 못하겠다고 한다.

방법이 없어서, 미국에 보냈는데, 우연이 지인이 길에서 아이를 보고 연락이 왔다. 집에 알리지도 않고 혼자 돌아와 친구 집에 머물고 있었다. 미국학교에 연락해 보니, 한 학기 내내 등교를 하지 않았다고 하였다. 매일 전화하면 잘 다니는 것처럼 말했지만, 매일 혼자 집에 있었던 것이다. 학교에 가라고 했더니 "죽어도 안 가"라고 했다.

아이의 성격검사 결과해석을 들으면서, 강수 엄마는 눈물을 흘렸다.

"맞아요. 공부 외에는 여자아이같이 자상하고, 다정다감해서 아들이 아니라 딸 같았어요. 큰애는 규칙적이고, 무뚝뚝하고, 정서적인 공감이 안 되는 아이인데, 공부는 잘해요. 어릴 때는 제가 큰아이보다 작은 아이를 참 사랑했어요. 엄마 힘들다고, 옆에서 같이 설거지하고, 요리하고, 늘 내 옆에 껌딱지

같이 붙어있는, 인정 많고, 사랑스러운 아이였어요. 그런데 초등학교 고학년에 올라가면서 공부 때문에 이 사달이 난 거예요. 승마도, 미국 사커도, 골프도, 다 시켜보아도 흥미를 느끼지 못했어요. 국내에서는 아이가 갈 수 있는 학교가 없어서 미국에 보냈어요. 그런데 그것마저 포기하고 왔다니, 앞이 캄캄했어요. 그래서 수면제를 가지고 와서, 아이에게 같이 먹고 죽자고 했어요."

성격 차이로 인한 눈물은 어떻게 해결할 것인가?

성격 차이의 극복을 위해, 보통 성격특성 검사를 활용하곤 한다. 성격유형 검사를 선택할 때는, 신뢰도와 타당성을 갖춘 표준화된 검사를 선택해야 한다. 엉뚱한 결과를 기반으로 전략을 세우면, 시간 낭비일 뿐 아니라 엉뚱한 전략이 만들어질 수 있기 때문이다. 뇌신경과학적 원리를 기반으로, 신뢰도와 타당성을 갖춘 표준화된 APL 성격유형 검사를 예시로, 부부간 그리고 부모-자녀 간의 성격의 차이를 이해해 보도록 하자.

뇌과학적 원리에 근거한 성격유형 분류의 강점은, 사람들의 문제가 겉으로는 유사해 보이지만, 그 원인은 각기 다르다는 것을 추론할 수 있게 해준다. 따라서 같은 문제를 가진 사람들이라 하더라도 그 원인에 따라 1:1 맞춤식 치료전략을 세울 수 있다는 장점이 있다.

우리 뇌의 세포는 각각 자신이 담당하는 정신분야들이 있다. 듣는 뇌세포, 보는 뇌세포, 생각하는 뇌세포, 말하는 뇌세포 등 뇌세포마다 역할이 다르다. 신경과학의 아버지라 불리는 러시아의 신경과학자 루리아(Luria)는 고등사고를 담당하는 전두엽 세포 중, 순차처리를 전문으로 담당하는 세포들과 변칙처리를 전담으로 세포들이 존재한다는 것을 밝혀냈다. 이후 수많은 신경과학자가 이러한 발견들을 기초로, 순차처리와 변칙처리를 담당하는 뇌세포가 많은 사람과 적은 사람에게서 나타나는 성격, 적성, 학습방식의 차이를 알아보는데 관심을 가져왔다.

대표적으로 그레고르(Gregorc)은 그레고르 모델(Gregorc Model)을 통해, 순차처리, 변칙처리, 추상적 사고, 구체적 사고, 네 가지 인지적 사고기능들의 발달 차이를 통해 각 사람의 성격, 적성, 학습에서 독특한 차이를 제시하였다. 그의 이론적 모델을 근거로 계발된 표준화된 APL 검사(Aptitude-Personality-Learning Inventory)는, 각 사고기능의 점수 차이를 통해 적성, 성격, 학습 특성을 과학적으로 추론하는 데 활용되고 있다.

APL 성격유형을 통한 부부 & 부모-자녀의 성격유형 추정

전두엽의 인지처리 기능 중에는 순차처리, 변칙처리, 현상적 사고, 추상적 사고가 포함되어 있다. 이 기능들의 발달 차는 각 개인의 성격 차이를 일으키는 것으로 추정된다.

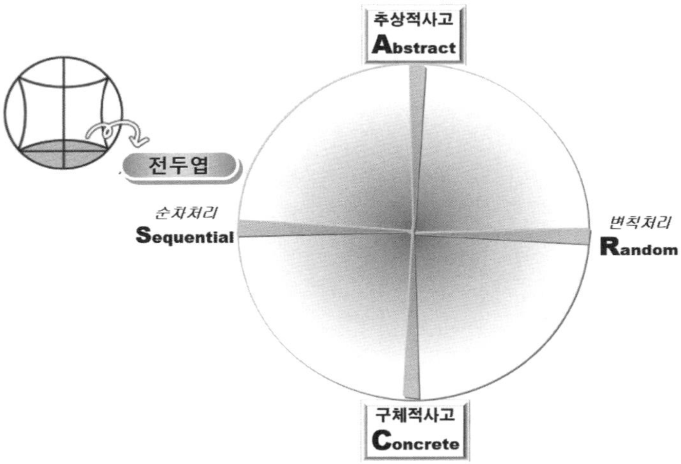

[Gregorc Model]

1. 뇌의 순차처리, 변칙처리는 어떤 성격 차이를 만드는가?

1) 순차처리 세포는 들어오는 자극과 나가는 자극을 모두 순서대로 A ➡ B ➡ C ➡ D로 정확하게 처리하는 것을 전문으로 하는 뇌세포이다.

2) 변칙처리 세포는 반대로, 들어오는 자극과 나가는 자극을 모두 순서대로가 아닌 변칙으로 조합하여 처리하는 것을 전

문으로 하는 뇌세포이다. A ➡ C ➡ Z ➡ B 식으로 순서를 바꾸기도 하고, 빼기도 하고, 새로운 것을 첨가하기도 하며 조합하여 처리하는 것을 전문으로 하는 뇌세포이다.

순차 뇌세포와 변칙 뇌세포는 기능이 다르지만 아주 훌륭하고 멋진 기능을 하고 있다. 순차처리와 변칙처리 세포들이 비슷한 수준으로 발달한 사람은 두 특성이 모두 잘 기능할 것이다. 그러나 둘 중 하나만 우세하다면, 그 특성은 아래와 같이 뚜렷하게 나타난다. 순차처리와 변칙처리 세포가 많은 사람은 어떤 특성을 보일까?

순차처리가 우세한 부부와 자녀
1. 순서대로 한가지씩 집중하며, 끝맺음이 높다.
2. 꾸준하며 규칙적이다.
3. 정확하지만 유연하지는 않다.
4. 예측할 수 있다.
5. 일관성이 있다.
6. 명료해야 한다.
7. 집중하는 능력이 좋다.
8. 사회성이 약하다.
9. 계획적이다.
10. 일 지향적이다.

변칙처리가 우세한 부부와 자녀
1. 한 번에 여러 일에 관여하며, 끝맺음이 낮다.
2. 변화를 선호하고, 변화에 잘 적응한다.
3. 유연하지만 정확하지는 않다.
4. 감성능력과 공감능력이 있다.
5. 즉흥적이다.
6. 개념을 대충 적용하고 나머지는 자신의 유연성으로 채운다.
7. 산만한 편이다.
8. 사회성이 좋다.
9. 순발력이 있다.
10. 사람 지향적이다.

2. 추상적 사고와 구체적 사고는 어떤 성격 차이를 만드는가?

1) 추상적 사고를 담당하는 세포는 들어오는 자극과 나가는 자극을 원인, 의미, 원리, 함의에 대한 분석적, 평가적 사고이며, '왜?'라는 질문과 관련된 사고다.

2) 구체적 사고를 담당하는 세포는 현재 오감으로 경험되는 구체적인 지각과 관련된다.

추상적 사고와 구체적 사고를 담당하는 세포가 많은 사람은

어떤 특성을 보일까?

추상적 사고
1. 생각을 머릿속에 그린다.
2. 전략을 머릿속에 그리는 것을 잘한다.
3. 독서를 선호한다.
4. 이성적 사고로 처리하는 편이다.
5. 큰 숲을 그리는 기획능력이 있다..
6. 추상적 개념과 원리를 다루는 이론적이다.
7. 오감적 현상에 둔하여, 세부 일에 스트레스를 받지 않지만, 무관심해 보일 수 있다.
8. 눈에 보이지 않는 이론적 사상가, 평론가, 철학자의 잠재력이 있다.
9. 큰 개념을 잡는다.

구체적 사고
1. 실제 현상에 반응한다.
2 사실적 세부정보를 잘 처리한다.
3. 실습과 체험을 선호한다.
4. 사실 처리를 잘하는 편이다.
5. 나무를 예민하고 섬세하게 잘 본다.
6. 실용적이다.
7. 오감에 예민하여, 자상할 수 있지만, 소소한 말투, 태도 등에 스트레스를 받는다.
8. 눈에 보이는 것으로 만드는 과학, 기술 등 실용적인 학문에 잠재력이 있다.
9. 구체적이고 섬세하다.

순차처리가 우세하다면, 순서가 있고 하나씩 정확하고 일관되고 예측 가능한 성격특성을 보이기 쉽다. "틀림없는 사람이야"라는 말을 들을 수 있지만, 유연성이 낮고, 틀에 박힌 삶, 변화에 대한 순발력이 약하여 미리미리 준비하지 않으면 불안이 높아질 수 있다.

레지던트 실습 중인 영미 씨 남편은 응급실의 다양한 내원자들의 여러 예기치 못한 상황에 순발력 있게 대처하지 못하여 환자나 보호자들로부터 자주 불평을 듣거나, 내원자들이 난동을 일으켰다. 지도교수들이 "너 바보 아니야"라고 혼내기 일쑤였다. 영미 씨 남편은 전공을 해부병리로 바꾸어 레지던트를 다시 시작하였다. 현재 국과수에서 사체 부검 일을 하고 있다. 그는 "사람이 입을 꼭 다물고 있어 골치 아프지 않다"라고 말한다. 즉 변화에 대처하는 것이 약한 그는 변화가 없는 것에 편안함을 느낀다.

전략_ 영미 씨 남편의 성격특성은 하나씩 단계적으로 처리하는 순차처리가 높아서 예측성, 정확성이 뛰어나다. 영미 씨는 그가 틀에 박히고 재미없다고 느낄 것이다. 그는 눈에 보이는 사실자극의 입력과 표출은 강하지만, 눈에 보이지 않는 기분, 감성을 알아주는 눈치가 약하다. 그는 영미 씨가 눈치껏 알아차렸으면 하고 돌려 말하거나 표현하는 방식을 알아채기 어렵다. 그래서 눈치껏 알아주길 기다리고, 실망하고, 좌절하기보다는 예의 바른 형식을 갖춰서 직접 사실적으로 알려주는 방식이 좋다. 그는 알기만 하면 성실하게 실행할 것이다. 화를 내며 말한다면 '나를 싫어하는구나'라고 생각하기 때문에 예의를 갖추는 것이 필요하다.

변칙처리가 우세하다면, 감정적이고 유연하다. 기분만 안 나쁘면 "이럴 수도 있고, 저럴 수도 있죠"라고 하며 잘 따지지 않는다. 일을 여러 개 벌려놓지만, 마무리가 안 되거나 산만할 수 있다. 그러나 사람들을 좋아하고, 즉흥적이고 순발력이 있어 소소한 주제 없는 대화를 주도하며 즐긴다.

결혼을 일찍 해서 아이와 부인이 있는 한 공무원은 가족을 먹여 살려야 한다는 책임감 때문에 항상 반복되는 업무를 10년째 하고 있다. 그는 "아, 다람쥐 쳇바퀴 도는 삶이 신물 난다"고 하며, 항상 벗어나고 싶어 한다. 만약 순차처리가 잘 발달한 사람이라면 오히려 늘 아무 일 없이 반복되는 직업이 안정되고 편안할 것이다.

전략_ 변칙적인 특성이 강하여, 방식과 순서가 정확하지 않아도 눈치가 있어 업무파악이 빠르다. 그러나 초기에 눈치가 빠르고 유연하여 일을 잘하지만, 시간이 갈수록 금방 지루해져 성실하지 못할 수 있다. 그는 동기가 없으면 모든 것이 갖추어져 있어도 열정을 내지 않을 수 있다. 이런 특성을 보이는 부인이나 남편은 정확한 해결이나 정보를 나누는 대화보다, 따뜻한 마음을 나누고 싶어 하는 사람이다. 한마디의 따뜻한 말, 칭찬, 배려가 10년 쌓인 한을 녹게 할 수 있다.

부모는 학습부진 성우가 APL 성격유형 검사결과, 자극들을 A ➡ B ➡ C ➡ D 식의 뇌의 순차적인 특성이 잘 발달되어 있다는 걸 알게 된다면, 학습동기나 심리상담 등은 시간낭비라는 것을 알게 될 것이다. 즉각적으로 공부하는 절차나 방법을 순차적으로 학습시켜, 순차적인 잠재력을 그대로 발휘할 수 있도록 해줄 방법론적 전략이 필요하다.

학습부진 순희는 성우와 반대로, APL 성격유형 검사결과, 순차적 특성이 전혀 발달되지 않고, 자극들을 D ➡ C ➡ A, A ➡ B ➡ Z ➡ D 등 다양하게 바꾸고 조합하는 변칙처리 뇌 기능이 잘 발달되어 있다. 순희는 아무리 공부방법을 가르쳐줘도 학습부진을 벗어나지 못한다. 게다가 책상에도 잘 앉아 있지 않아서 순차처리가 높은 엄마와 청소년기 내내 서로 괴롭다. 오히려 잘 기능하는 뇌 환경을 그대로 존중해주고, 학습 내용, 선생님, 진로목표, 친구 등을 활용한 학습동기와 흥미를 높일 수 있는 심리적 전략이 필요하다.

추상적 사고가 우세하다면, 머릿속 생각 기능이 더 발달하여, 대인관계에서 야기된 문제에 대한 타당성, 합리성, 전략을 생각하기 쉽다. 그 생각의 결과에 따라 화를 내기도, 크게 신경 쓰지 않기로 결정하기도 한다. 사소한 것에 신경 쓰지 않고, 예민하지 않은 특성을 보인다.

상우 씨 부인은 상우 씨에게 항상 자기중심적인 사람이라고 비난한다. 오늘도 저녁준비를 다 해놓았는데 회사에서 먹고 왔다고 말한다. 그럼 전화라도 해주지 그렇게 자상하지 못하고 자기밖에 모르냐고 짜증을 낸다. 그리고 양말은 오자마자 벗어서 세탁기에 넣으라고 늘 말해도 오늘도 그렇게 하지 않는다며 화를 낸다. 상우 씨는 “에이, 별거 아닌 거로 왜 그래?”라고 하며 자기 방으로 들어가 버렸다. 부인은 “그게 왜 중요한 것이 아니야?”라고 하면서 뒤 쫓아 들어간다.

전략_ 상우 씨의 성격은 사소한 사건들에 별 반응을 하지 않는다. 그는 늘 "그건 별로 중요하지 않아. 중요한 것은 이거야. 이게 핵심이야"라고 말한다. 그는 중요하다고 생각하는 것들은 크게 신경 쓰지 않는 특성을 갖고 있다. 합리적이며 작은 것에 크게 진지하지 않고, 핵심에만 효율적으로 집중할 수 있다는 장점이 있다. 타인의 반응에 예민하지 않아 소소한 일에 상처받지 않는 편이다. 바로 구체적인 방식 즉, 눈빛, 표정, 태도, 말투, 말 등으로 바로 반응하지 않고 그 이유를 머리로 생각하는 시간을 갖은 후, 결론에 의해 움직이는 편이라 때로는 냉정하고 쿨하다는 느낌을 줄 수 있다. 그러나 때로는 머릿속 생각 기능이 더 발달하였지만, 구체적으로 오감으로 들어오는 지각적 정보를 섬세하게 처리하지 못해 사람들에게 별 관심이 없는 사람으로 보일 수 있다. 구체적인 관찰력이 약하여 부인이 머리를 바꾸었는지 집안의 무엇이 변했는지 눈치채기 어려울 수 있다.
갈등 문제가 생겼을 때 정서적 지지나 순차적 방법 제시보다는 생각의 전환 전략을 세우는 것이 효과적일 수 있다. 타당하거나 합리적인 설명을 모색해야 할 것이다.

구체적 사고가 우세하다면, 오감으로 들어오는 자극에 민감하기 때문에 사소한 것도 섬세하게 신경 쓰는 자상함이 있다. 예를 들어, 자원봉사자는 남들이 보지 못한 부분까지 자상하게 신경 쓰고, 교사는 누가 도시락을 가져오지 않았는지 알아채고 자기 도시락을 내밀 수 있다. 부하직원을 관리하는 상관은 섬세하고 자상하게 생일을 챙겨줄 수 있다. 그러나 문제의 근본적인 원인보다는 구체적인 표정, 말투, 태도, 사용한 단어, 눈빛 등에 소심해지거나 불쾌해지고, 스트레스가 심할 수 있다.

전략_ 섬세함, 관찰력, 자상함과 같은 긍정적인 면이 있지만, 때로는 소심함 때문에 자주 상처를 받거나 삐질 수 있다. 지금 여기에 충실하므로, 갈등의 문제가 발생했을 때 구체적인 오감적 전략이 대안이 될 수 있을 것이다. 예를 들어, 화난 배우자와 화해하고 싶다면, '마음'도 중요하지만, 눈에 보이는 구체적인 이벤트, 선물, '미안하다. 사랑한다'는 구체적인 말과 태도, 표정, 눈빛, 포옹 등의 실제 행동이 토라졌던 마음을 돌릴 수 있을 것이다. 물론 추상적인 특성이 강한 배우자라면 이 방법은 먹히지 않을 것이다. 그들은 "지금 이게 중요해?"라고 하며 근본적인 대책이 없으면 마음을 돌리기 어려울 것이다.

서로 너무 달라서 괴로운 사람들은 소통전략과 함께 눈물치료의 병행이 도움이 된다. 지금까지 서로 다르다는 것을 인정하지도 존중하지도 못해서 생겨난 상처들과 화해와 용서의 눈물이 필요하기 때문이다. 서로를 이해하지 못해 긁어놓은 상처들은 깊은 이해와 진정한 존중을 기반으로 새로운 소통전략으로 발전해 나갈 수 있을 것이다.

치료자_ 상대의 어떤 점이 마음에 들지 않았나요?

내담자_ 남편과 대화할 때 "옆집은 더 큰 아파트로 이사 간데, 좋겠다 그치"라고 하면 남편은 아무 말도 하지 않아요. 말 좀 하라고 다그치면, 겨우 하는 말이 "내가 돈 못 벌어서 미안하다"라고 해요. 나는 그냥 "그러게 진짜 좋겠다. 우리도 빨리 큰 데로 가고 싶다. 그치" 뭐 이런 식의 공감을 기대했는데, 남편은 늘 가볍지 않고 진지해요. 뭔가를 해줘야 한다고 생각해요. 내가 무슨 의도로 말을 하는지 모르는 거죠. 도대체가 대화가 안 돼요. 그냥 공감하며 맞장구치면 되는 대화를, 사실로만 반응하니까 할 말이 없어지고 대화가 지루해요. 오히려 제가 반응을 안 하게 돼요. 저는 사람을 좋아하고, 말하는 것을 좋아하는데, 결혼 후 남편과 얘기하는 것도 재미없고 너무 외로워요.

치료자_ 문을 열면 그의 세계로 들어갈 거에요. 그곳은 꽃향기가 코를 찌르고, 새가 울고, 시내가 흐르는 풍성하고 아름다운 곳이에요. 그곳에 인정받지 못한 사람이 앉아 있어요. 나와 색깔이 다르지만, 내게 없는 충만한 것들로 가득해요.

그의 세계가 나와 다르다는 것을 알고 나니 어떤 마음이 드나요?

내담자_ 미안한 마음요. 나만 힘들다고 해서... 남편도 똑같이 내가 힘들었을 텐데...

치료자_ 미안하군요. 그 마음을 상대에게 전해주세요.

치료자_ 나와 상대에 대해 파악한 성격을 기초로 행복한 소통 전략을 세워보고, 서로에게 전략을 이야기 해주세요.

참 고 문 헌

Allport, G.W.(1937), Personality: A psychological interpretation. New York; Holt, Rinehart & Winston American Psychiatric Association (2013). Diagnostic and Statistical Manual of Mental Disorders(5th ed.). Arlington, VA: American Psychiatric Publishing. pp. 271-280.

Bandura, A. (1995). Self-efficacy in changing societies, 윤운성, 정정옥, 가경신 (역).(2004). 변화하는 사회 속에서의 자기효능감. 서울: 학지사.

Beck, A. T. (1976). Cognitive therapy and emotional disorders. New York: Intemational Universities Press.

Biggs, J. B.(1984), Learning Strategies, Student Motivation Patterns, and Subjectively Perceived Success. In J. R. Kirby(Ed.), Cognitive Strategies and Educational Performance. N. Y.; Academic Press, Inc., 111-134.

Butler, K. A. (1988). Learning and teaching style: In theory and practice, Columbia, USA: CT Learner's Dimension.

Csikszentmihalyi,M.(1990). Flow : The psychology of optimal experience, 최인수 역(2004). 몰입:미치도록 행복한 나 를 만난다. 서울: 한울림.

Cornelius, R. R. (2001). Crying and catharsis. In A. J. J. M. Vingerhoets & R. R.Cornelius (Eds.), Adult crying: A biopsychosocial approach. Hove, UK:Routledge, 199-212.

Emmons, R, A. (2003). Persnal goals, life meaning, and virtue: Wellsprings of a positive life, In C. Keyes & J. Haidt (Eds.), Flourishing: Positive psychology and the well-lived life. (pp. 105-128), Washington: American Psychological Association.

Foa, E. B., & Riggs, D. S. (1993). Post-traumatic stress disorder in rape victims. In J. Oldham, M. B. Riba, & A. Tasman (Eds.), American Psychiatric

Press Review of Psychiatry, Vol. 12 (pp.285-309). Washington, DC: American Psychiatric Press.

Freud, a.(1936). the ego and mechanisms of defense, New York: International Universities Press.

Frankl, V. E. (1963). Man's Search for meaning: An Introduction to Logo therapy, New York: Washington Square Press.

Gregorc. A. (1979). ORGONON, Theory Manual, working paper, The University of Connecticut, School of Education, Connecticut, USA: Connecticut University Press.

Greenberg, L. S., Rice, L. N., & Elliott, R. (1993). Facil tating emotional change:The oment-by-moment process. New York: Guilford Press.

Jackson, P, L., Lafleur, M., F., Malouin. F., Richerds, C. L., & Doyou, L. (2003). functional cerebral reorganization following motor sequence learning through mental practice with motor imagery. NeuroImge. 20(2). 1171-1180.

Jacobson, E. (1931). Electrical measurements of neuromuscular states during mental activities. American Journal of Physiology, 96, 115-212.

Jensen, E. (2008). Brain-based learning: The new paradigm of teaching, 손정락, 이정화(역).(2011). 뇌 기반 학습: 새로운 패러다임의 교수법. 서울: 시그마프레스.

Jung, C. G. (1954). Problems of modern psychotherapy, In the practice of psychotherapy, Collected works (Vol. 16. pp. 53-75). Princeton, NJ: Princeton University Press.

Lazarus, R, S., & Lazarus, B, N. [공]지음 ; 정영목 옮김, 「감정과 이성」, 서울 : 문예출판사, 1997.

Lehanman, D.R., Wortman, C. R., & Willians, A. f. (1987). Long term effects of losing a spouse or child in a motor vehicle crash. Jornal of Personality and Social Psychology, 52, 218-231.

Luria, A. R, Homskaya, E.K(1966), The Frontal Lobes and Regulation of Psychological Processes, Moscow University press, Moscow(Russian).

Nelson, J. K. (2005). Seeing through tears: Crying and attachment. New York:Brunner-Routledge.

Harris, E. (2007). Mind those tears: Thinking about crying in the therapeutic relationship. (Master's thesis).

Hayes, A. (2006). What are you crying for? Therapy Today, 17(1), 43-45.

Hill, C. E., & Martin, R. B. (1997). Empathic weeping, social communication and cognitive dissonance. J ournal of Social and Clinical Psychology,16, 299-322.

Maroda, K. (1999). Seduction, surrender and transformation: emotional engagement in the analytic process. Hillsdale, NJ: Analytic Press.

May, R. (1950). The meaning of anxiety. New York: Norton.

May, R. (1992). The cry for myth. New York: Norton.

Perls, F., Hefferline, R., & Goodman, P. (1994). Gestalt therapy - Excitement and growth in the human personality. Highland, N.Y.: The Gestalt Journal Press.

Paul, D. E., & Donald, P. K. (2008). Educational Psychology: Windows on Classrooms, 신종호 외(역).(2015). 교육심리학: 교육실제를 보는 창. 서울: 학지사.

Rassin, E., & van Rootselaar, A. F. (2006). Fromdissociation to trauma?

Individual differences indissociation as predictor of 'trauma' perception. Journal of Behavior Therapy and ExperimentalPsychiatry, 37, 127-139.

Rutter, M. (1990). "Psychological Resilience and Protective Mechanism", in Risk and Protective Factors in the Development of Psychopathology, J. Rolf, A. Master, D. Cicchetti, K. Neuchterlein, and S. Weintreub Eds., New York, USA: Cambridge University Press, pp. 181-184.

Smith, D., & Holmes, P. (2004). The effect of imagery modality on golf putting performance. Journal of Sport & Exercise Psychology, 26, 385-395.

Tedeschi, H., & Calhoun, L. G. (2004). Posttraumatic growth: Conceptual foundations and empirical evidence. Psychological Inquiry, 15, 1-18.

Williams, D. G. (1982). Weeping by adults: Personality correlates and sex differences. The Journal of Psychology, 110(2), 217-226.

초판 1 쇄 _ 2022년 9월 5일
지 은 이 _ 이정화
펴 낸 이 _ 김현태
디 자 인 _ 디자이너 장창호
펴 낸 곳 _ 따스한 이야기
등 록 _ No. 305-2011-000035
전 화 _ 070-8699-8765
팩 스 _ 02- 6020-8765
이 메 일 _ jhyuntae512@hanmail.net

따스한 이야기 페이스북, 인스타그램
https://www.facebook.com/touchingstorypublisher
https://www.instagram.com/touchingstory512

따스한 이야기는 출판을 원하는 분들의 좋은 원고를
기다리고 있습니다.

가격 14,000원